Fisnik Lekaj

Zukünftige Anforderungen an das Personalrecruiting

Ein Leitfaden für Unternehmen

Bibliografische Information der Deutschen Nationalbibliothek:

Die Deutsche Nationalbibliothek verzeichnet diese Publikation in der Deutschen Nationalbibliografie; detaillierte bibliografische Daten sind im Internet über http://dnb.d-nb.de abrufbar.

Impressum:

Copyright © Science Factory 2018

Ein Imprint der Open Publishing GmbH, München

Druck und Bindung: Books on Demand GmbH, Norderstedt, Germany

Covergestaltung: Open Publishing GmbH

Inhaltsverzeichnis

Abkürzungsverzeichnis 4

Abbildungsverzeichnis 5

Tabellenverzeichnis 6

1 Einleitung 7
    1.1 Ausgangslage und Problemstellung 7
    1.2 Zielsetzung der Arbeit 9
    1.3 Aufbau der Arbeit 9

2 Personalrecruiting 11
    2.1 Definition, Ziele und Aufgaben 11
    2.2 Internes und externes Personalrecruiting 14
    2.3 E-Recruiting – Definition, Ziele und Kanäle 17
    2.4 Personalauswahlverfahren 18
    2.5 Einführung und Einarbeitung neuer Mitarbeiter 20

3 Gesellschaftliche Entwicklung und ihre Bedeutung für das Recruiting 22
    3.1 Demografischer Wandel und seine Auswirkungen 22
    3.2 Generationen auf dem deutschen Arbeitsmarkt 24
    3.3 Das Web und seine Bedeutung für das Recruiting 27

4 Anforderungen an das Personalrecruiting heute und morgen 30
    4.1 Gegenwärtige Anforderungen 30
    4.2 Zukünftige Anforderungen 37

5 Leitfaden zu zukünftigen Anforderungen an das Personalrecruiting 44
    5.1 Handlungsempfehlungen für das Personalrecruiting 44
    5.2 Erläuterungen zu den einzelnen Schritten 46

6 Fazit 65

Literaturverzeichnis 67

Abkürzungsverzeichnis

AGG	Allgemeines Gleichbehandlungsgesetz
BDSG	Bundesdatenschutzgesetz
bzw.	beziehungsweise
ca.	circa
DSGVO	Datenschutzgrundverordnung
ebd.	ebenda
i.d.R.	in der Regel
MINT	Mathematik, Informatik, Naturwissenschaften, Technik
TMG	Telemediengesetz
usw.	und so weiter
UWG	Gesetz gegen den unlauteren Wettbewerb
z.B.	zum Beispiel

Abbildungsverzeichnis

Abbildung 1 Ablaufschema einer Stellenbesetzung 13

Abbildung 2 Web Evolution 29

Abbildung 3 Nutzung von Recruiting Technologien 33

Abbildung 4 Präferenz für eine Formen der Bewerbung 34

Abbildung 5 Schematisierter Ablauf des Leitfadens 45

Tabellenverzeichnis

Tabelle 1 Entscheidungskriterien Printmedien... 16

Tabelle 2 Personalauswahlverfahren 20

Tabelle 3 Entwicklung der Altersgruppen im erwerbsfähigen Alter 2013 und 2060......... 23

Tabelle 4 Generationenvergleich – Charakteristika und Anforderungen gegenüber Arbeitgebern... 27

Tabelle 5 Wichtigsten Informationsquellen für Bewerber im Überblick 32

Tabelle 6 Relevante Gesetzestexte für das Personalrecruiting 36

Tabelle 7 Unterschied zwischen Recruiter 1.0 und Recruiter 2.0............................. 41

Tabelle 8 Kompetenzen des Recruiters 2.0 42

Tabelle 9 Wünsche und Erwartungen der Bewerber beim Bewerbungsprozess 57

1 Einleitung

1.1 Ausgangslage und Problemstellung

Das Personalrecruiting erlebt seit einigen Jahren einen Wandel bedingt durch die Entwicklung auf dem Personalmarkt, die Technisierung des Alltags und die unterschiedlichen Verhaltensmuster, Werte und Erwartungshaltungen der einzelnen Generationen. Aufgrund des demografischen Wandels der Gesellschaft und die sich dadurch ergebende steigende Verhandlungsmacht des Arbeitnehmers hat sich still und leise ein Paradigmenwechsel auf dem Bewerbermarkt vollzogen.[1] Insbesondere der Begriff des „War for Talents"[2] stellt die Unternehmen bereits heute vor große Herausforderungen. Hochqualifizierte Mitarbeiter sind zum knappen Produktionsfaktor geworden. Hervorragend ausgebildete Absolventen mit guten Studienabschlüssen haben heute weniger Schwierigkeiten einen guten Job zu finden. Viele Unternehmen hingegen haben Mühe geeignetes Personal zu bewerben und für Vakanzen zu gewinnen. Konsequenterweise müssen sich Arbeitgeber bei qualifiziertem Personal bewerben und nicht umgekehrt. Dies gilt insbesondere für Bewerber mit einer Ausbildung oder Qualifikation in den MINT-Bereichen Mathematik, Informatik, Naturwissenschaften und Technik, aber durchaus auch solche im handwerklichen Bereich.[3] Wie der Begriff des War for Talents auch erahnen lässt, ist infolgedessen ein erhöhter Konkurrenzkampf unter den Arbeitgebern entstanden, der auch einen wesentlichen Einfluss auf das Recruiting genommen hat.

Zudem führen die verschiedenen Verhaltensweisen der Generationen auf dem deutschen Arbeitsmarkt zu weiteren Anstrengungen für die Personaler. Neben den dominierenden Generationen der Baby Boomer und der Generation X am Arbeitsmarkt, rücken die jüngsten Generationen Y und Z immer weiter in den Fokus. Die Generation Z oder auch Gen 2020 aus der amerikanischen Literatur, schließt alle Erwerbstätige mit ein, die ab 1995 geboren worden sind. Betrachtet man das Geburtsjahr 1995 genauer, lässt sich daraus ableiten, dass es sich um eine Generation junger Menschen handelt die schon bald in diese Arbeitswelt eintreten werden oder aber schon teilweise dort angekommen sind. Laut Klaffke, Professor für

---

[1] vgl. Rath/Salmen, 2012, S. 23
[2] sogenannter Krieg um Talente
[3] Arnold, 2012, S. 9

Personalmanagement und Direktor Hamburg Institute of Change Management, sollen sich Personaler erst seit geraumer Zeit mit den Persönlichkeitsmerkmalen und Erwartungen der jüngsten Generation Y, welche auf 1981 bis 1995 datiert ist, beschäftigen.[4] Wo gerade versucht wird die jüngste Generation zu verstehen, steht also schon die nächste Generation an, um die Unternehmen vor neuen Herausforderungen zu stellen und mit neuen Anforderungen die Gewinnung von potenziellen Bewerbern deutlich erschwert.

Das Web 2.0 hat die Rolle der Unternehmen in den Märkten nachhaltig verändert.[5] Noch vor wenigen Jahren waren hauptsächlich Unternehmen in der Lage, Inhalte für das Web zu erstellen oder Informationen bereitzustellen. Jedoch kamen kurz nach der Jahrtausendwende die ersten Bewertungsmöglichkeiten von Produkten wie beispielsweise bei amazon.de.[6] In kürzester Zeit entstand eine Welle von Technologien, Plattformen und Angeboten. Durch die Nutzung von zentralen Plattformen wie Blogs, Facebook, Twitter, Myspace, XING und vielen anderen wurde es für jeden Nutzer einfach, selbst Informationen zu veröffentlichen. Für die Personalwirtschaft hat diese Veränderung große Konsequenzen. Bewerber können sich heute über wenige Klicks ein vollkommenes Bild über ein Unternehmen verschaffen. Stimmt demnach die Internetpräsenz nicht, können begehrte Absolventen und Fachkräfte daher schnell abschrecken. Zudem wird verstärkt im Netz nach Stellenangeboten und Karrieremöglichkeiten gesucht, da alte Medien wie Zeitungen oder Zeitschriften aus Papier gerade den jungen Menschen zu passiv und zu eindimensional sind.[7]

Eine zentrale Fragestellung die sich daraus für diese Arbeit ergibt, ist herauszufinden, welchen konkreten Anforderungen das Recruiting in Zukunft nachkommen muss, um Vakanzen in Zeiten des Wandels mit entsprechendem Personal besetzen zu können. Zum anderen stellt sich die Frage, wie sich das Recruiting aufstellen kann, um diesen Anforderungen gerecht werden zu können.

---

[4] Klaffke, 2014, S.59
[5] vgl. Bärmann, 2012, S. 13
[6] vgl. ebd. S. 14
[7] vgl. ebd.

1.2 Zielsetzung der Arbeit

Ziel dieser Arbeit ist es, der skizzierten Problematik mit einem Leitfaden zu begegnen, der in mehreren Schritten aufzeigen soll, wie sich das Recruiting bestmöglich aufstellen kann, um den zukünftigen Anforderungen nachkommen zu können.

Diese Arbeit soll Gültigkeit für Unternehmen jeglicher Branchen und unabhängig von deren Größe haben und kann als Orientierungshilfe sowie Praxisratgeber dienen. Er richtet dementsprechend an Geschäftsführer, Vorgesetzte, Personalverantwortliche, Personaldienstleister und weitere Funktionsgruppen die mit dem Bereich der Personalbeschaffung konfrontiert werden.

Dabei ist anzumerken, dass in der vorliegenden Arbeit schwerpunktmäßig Empfehlungen für die externe Personalbeschaffung gegeben werden, während die Betrachtung für die interne Personalbeschaffung vernachlässigt wird.

1.3 Aufbau der Arbeit

Die Arbeit gliedert sich entsprechend der Zielsetzung in sechs Kapiteln. Im Anschluss an diese Einleitung wird in **Kapitel zwei** das Thema des Personalrecruitings mit Hilfe jüngster Literatur näher betrachtet. Eine Definition, die Beschreibung der Ziele und Aufgaben sollen dabei helfen, die Thematik mit seinen Grundlagen besser zu verstehen. Danach erfolgt die Abgrenzung von internem und externem Personalrecruiting. Das E-Recruiting als wichtiger Teil der Personalbeschaffung wird ebenfalls mit seinen Grundlagen und Instrumenten beschrieben. Danach werden die Verfahren in der Personalauswahl dargestellt, die heute in der Praxis angewendet werden. Der abschließende Teil dieses Kapitels bildet die Einführung und Einarbeitung eines neuen Mitarbeiters.

Das **dritte Kapitel** beschäftigt sich mit der gesellschaftlichen Entwicklung und seiner Bedeutung für das Personalrecruiting. Hierbei werden der demografische Wandel, die einzelnen Generationen am deutschen Arbeitsmarkt und das Web näher betrachtet.

Das **vierte Kapitel** stellt zunächst bestehende Anforderungen vor, die bereits durch das Recruiting erfüllt werden müssen, um seinen Bedarf mit entsprechendem Personal decken zu können. Im Anschluss daran, sollen Anforderungen herausgearbeitet werden, die in Zukunft auf das Personalrecruiting zukommen können.

Auf Grundlage der herausgearbeiteten künftigen Anforderungen sollen in **Kapitel fünf** zunächst Handlungsempfehlungen für das Recruiting abgeleitet werden. Aufbauend darauf wird ein Leitfaden mit zehn Schritten entwickelt, die einzeln erläutert werden.

Ein Fazit soll das Thema der Arbeit mit einem **sechsten Kapitel** abrunden.

Aus Gründen der Einfachheit wird im Folgenden ausschließlich die männliche Form verwendet. Es sind aber stets beide Geschlechter gemeint, wenn es nicht um spezifische Einzelpersonen geht.

2 Personalrecruiting

Um ein grundlegendes Verständnis für die Thematik dieser Abschlussarbeit herbeizuführen und darüber hinaus den Überlegungen der Arbeit folgen zu können, wird als Ausgangspunkt zunächst das Personalrecruiting mit seinen Begrifflichkeiten und Bestandteilen ausführlich beschrieben. Es soll noch angemerkt werden, dass für den Begriff Personalrecruiting mehrmals die Synonyme Personalbeschaffung und Personalgewinnung verwendet werden.

2.1 Definition, Ziele und Aufgaben

„Es ist die Aufgabe der Personalbeschaffung, die benötigten Mitarbeiter in der geforderten Anzahl und Qualifikation zum geeigneten Zeitpunkt für die nachgefragte Funktion zu marktgerechtem und leistungsorientiertem Einkommen zu beschaffen."[8]

Der Personalbeschaffung geht dabei die Personalbedarfs- und Personalbestandsplanung voraus. Daraus ergeben sich vor allem Daten eines qualifizierten Nettopersonalbedarfsplanes, die es für die Personalbeschaffung bedarf.[9] Es gilt Mitarbeiter im Umfeld des Unternehmens ausfindig zu machen, die den entsprechenden Anforderungen der Funktion auf langfristige Sicht gerecht werden. Hat die Personalbeschaffung eine Beschaffungsalternative unter Berücksichtigung eines prognostizierbaren Erfolges und der entstehenden Kosten festgelegt, so wird nach deren Durchführung das Unternehmen mit Bewerbern konfrontiert, unter denen es eine Auswahl zu treffen hat.[10] Nach Auswahl und Einarbeitung der neuen Mitarbeiter, findet die Personalbeschaffung dann ihren Abschluss.

„Das Planungsziel der Personalbeschaffung besteht in der rechtzeitigen Bereitstellung der mit Hilfe der Bedarfsplanung als notwendig ermittelten Zahl an Mitarbeitern, die entsprechend den Anforderungsprofilen der Arbeitsplätze über die erforderlichen Qualifikationen verfügen."[11]

Um diesem Ziel gerecht werden zu können, muss die Personalbeschaffung verschiedene Aufgaben erfüllen. So muss ein Unternehmen festlegen, ob der Perso-

---

[8] Jung, 2017, S. 134
[9] vgl. Jung, 2017, S. 134
[10] vgl. ebd.
[11] ebd.

nalbedarf innerbetrieblich oder außerbetrieblich gedeckt werden soll. Darüber hinaus muss die Personalbeschaffung bestimmte Beschaffungsmaßnahmen festlegen und laufend den Arbeitsmarkt beobachten, um schnell auf unvorhergesehene Ereignisse wie Kündigung, Invalidität oder Tod eines Mitarbeiters reagieren zu können.

Um zu verdeutlichen wie das Ablaufszenario bzw. der Prozess einer Stellenbesetzung im Unternehmen aussehen kann, sorgt die folgende Darstellung für einen guten Überblick.

Personalrecruiting

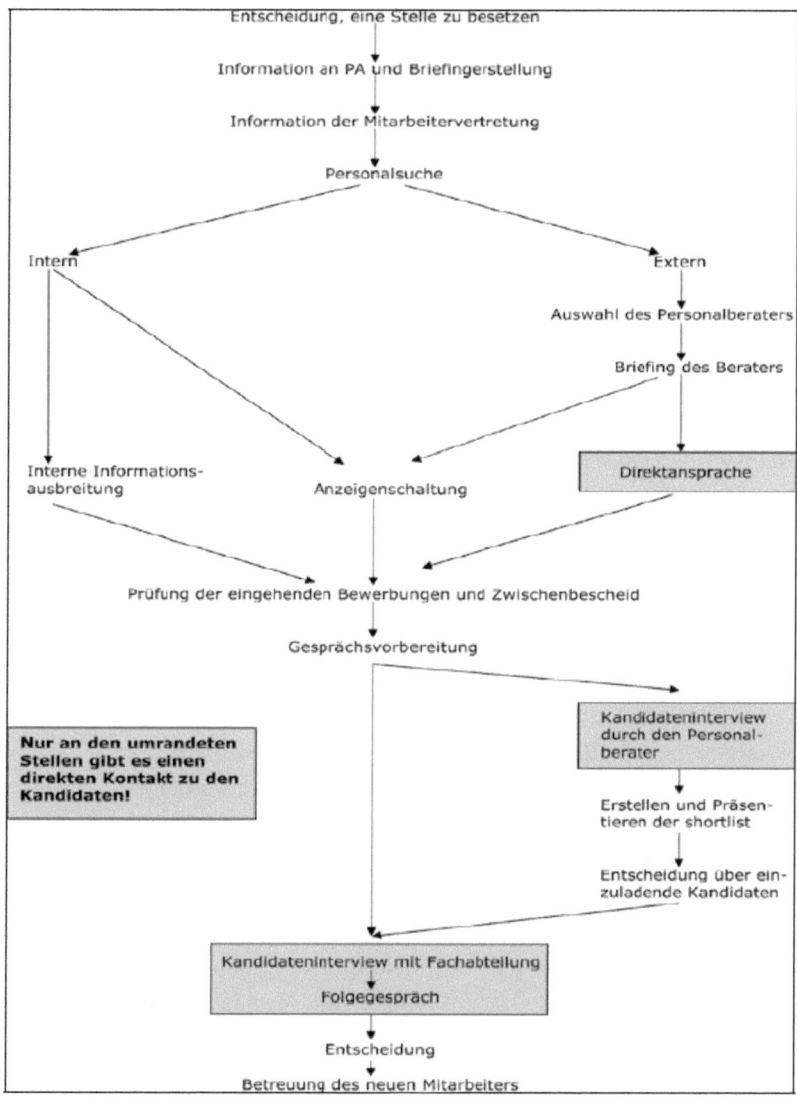

Abbildung 1 Ablaufschema einer Stellenbesetzung
Quelle: Schulz, 2014, S. 14

2.2 Internes und externes Personalrecruiting

Zur Erfüllung der betrieblichen Beschaffungsziele stehen dem Unternehmen verschiedene Instrumente und Maßnahmen auf zwei weitgehend unterschiedlichen Beschaffungsmärkten zur Verfügung.[12] Dem Unternehmen bleibt es frei zu entscheiden, ob es die Bedarfsdeckung über den innerbetrieblichen oder dem außerbetrieblichen Arbeitsmarkt regelt. Diese Entscheidung wird in Abhängigkeit vom größeren Erfolg zwischen den beiden Märkten getroffen.

Internes Personalrecruiting

Das interne Personalrecruiting konzentriert sich auf die eigenen Mitarbeiter und sucht geeignete Kandidaten im eigenen Unternehmen.[13] Damit ermöglichen Unternehmen seinen Mitarbeitern gute Karrieremöglichkeiten. Andererseits besteht die Tatsache, dass der externe Arbeitsmarkt die benötigten Arbeitskräfte mit den entsprechenden Qualifikationen nicht anbietet. So werden Unternehmen gezwungen, ihren Bedarf an Personal durch internes Recruiting zu decken. Das Unternehmen kann dabei auf zwei verschiedene Wege des innerbetrieblichen Recruitings zurückgreifen. So kann die innerbetriebliche Bedarfsdeckung mit und ohne Personalbewegung erfolgen.

Die innerbetriebliche Bedarfsdeckung ohne Personalbewegung kann durch zusätzliche Arbeitsleistungen erfolgen. Der Arbeitgeber führt dabei Mehrarbeit bzw. Überstunden ein oder verlängert die betriebsübliche Arbeitszeit. Urlaubsverschiebungen legt er auf Zeiträume mit ruhigem Geschäftsgang. Die Qualifizierung von Mitarbeitern ist eine vorbeugende Maßnahme zur Deckung von Personalbedarf. Hierbei verzichtet das Unternehmen auf die Einstellung neuer Mitarbeiter, indem es die Qualifikation der bestehenden Mitarbeiter erhöht, umso auf bessere Arbeitsergebnisse zu kommen. Mitarbeiter können dadurch beruflich aufsteigen und im Idealfall mehrere und qualifiziertere Aufgaben erledigen. Weitere Möglichkeiten der internen Bedarfsdeckung ist die Ausbildung von jungen unqualifizierten Menschen oder die Einarbeitung bzw. Umschulung von ungelerntem Personal.

Die innerbetriebliche Bedarfsdeckung mit Personalbewegung kann durch Versetzung erfolgen. Die Versetzung erfolgt durch eine Weisung oder durch Änderungs-

---

[12] vgl. Jung, 2017, S. 136
[13] vgl. Schulz, 2014, S. 38

kündigung und führt unter Zuweisung zu einer gleich-, höher- oder geringwertigeren Stelle.[14] Ein weiteres Instrument ist die interne Stellenausschreibung. Sie bildet hierbei die klassische Basis für die Suche nach eigenen Mitarbeitern z.B. über das Intranet oder das schwarze Brett. Ein Betriebsrat kann nach § 93 Betriebsverfassungsgesetz (BetrVG) eine innerbetriebliche Stellenausschreibung vom Recruiting fordern. Hierbei ist zu beachten, dass eine interne Ausschreibung vor einer externen Ausschreibung erfolgen muss. Zudem hat das Unternehmen darauf zu achten, dass er die freie Stelle im Betrieb mit den gleichen Anforderungsmerkmalen ausschreibt wie in der externen Stellenanzeige.[15] Wichtig bei einer innerbetrieblichen Stellenausschreibung ist die Beachtung des Allgemeinen Gleichbehandlungsgesetzes (AGG).

Die interne Bedarfsdeckung kann auch durch verschiedene Personalentwicklungsmaßnahmen gefördert werden.[16] Es besteht die Möglichkeit gewerbliche und kaufmännische Auszubildende aufzunehmen, umso einen Mangel an Fachkräften entgegenzuwirken zu können. Hegen Mitarbeiter den Wunsch nach Höherqualifizierung, können Unternehmen diesen durch Angebot eines Studiums erfüllen und Mitarbeiter nach Abschluss wieder einstellen. Durch Nachfolge- und Entwicklungsprogramme können Mitarbeiter auf höhere Aufgaben vorbereitet werden. Eine weitere Möglichkeit der Personalentwicklungsmaßnahmen besteht darin, einen planmäßigen Stellenwechsel ohne Aufstieg anzubieten. Durch einen Aufgabenwechsel erhält ein Mitarbeiter einen größeren Einblick in die Firmenorganisation, fördert die Zusammenarbeit mit verschiedenen Bereichen und ebenso das Interesse am Unternehmen.[17]

Externes Personalrecruiting

Beim externen Personalrecruiting kann zwischen passivem und aktivem Recruiting unterschieden werden. Die Auswahl eines Weges für den einzelnen Bedarfsfall hängt von der Arbeitsmarktsituation, Dringlichkeit, des Beschaffungsbudgets sowie Größenordnung des Personals ab.

Bei der passiven Personalbeschaffung von außen unternimmt das Unternehmen kaum Eigeninitiative bei der Anwerbung von Mitarbeitern. Es nimmt die Dienste

---

[14] vgl. Jung, 2017, S. 138
[15] vgl. ifb [Hrsg.] 2017.
[16] Jung, 2017, S. 142
[17] ebd.

der Bundesagenturen für Arbeit in Anspruch oder greift auf Initiativ- und Blindbewerbungen von Bewerbern zurück. Durch das Anlegen einer Bewerberkartei, können Unternehmen auf Bewerbungen zurückgreifen, die in Vergangenheit nicht berücksichtigt werden konnten und eventuell für eine frei gewordene Stelle interessant sind. Eine weitere Beschaffungsform ist das Personalleasing gemäß dem Arbeitnehmerüberlassungsgesetz (AÜG). Hierbei leiht sich das Unternehmen bei verschiedenen Personalleasingfirmen Arbeitnehmer aus und beschäftigt diese mit Erlaubnis einer Frist von vorerst einem Jahr. Diese Erlaubnis kann spätestens drei Monate vor Ablauf des Jahres gemäß § 2 Absatz 4 AÜG durch Antrag verlängert werden.

Eine aktive Personalbeschaffung von außen ist notwendig, wenn eine angespannte Arbeitsmarktlage oder ein dringlicherer Personalbedarf vorliegt.[18]

Anzeigenträger	Anzeigentermin	Anzeigenarten
Mitarbeiterzeitungen	Dauer der Bewerbungsfrist	Offene Stellenanzeige
Regionale Zeitungen	Zeitlicher Vorlauf im Unternehmen (Prozessorganisation)	Chiffreanzeige
Überregionale Tageszeitungen	Zeitlicher Vorlauf potenzieller Mitarbeiter (Kündigungsfristen)	Anzeigen von Personalberatern
Fachzeitschriften	Vor/ nach Urlaubszeiten	

Tabelle 1 Entscheidungskriterien Printmedien
Quelle: Eigene Darstellung in Anlehnung an Scholz, 2011, S.192

Dabei kann das Recruiting auf eine Stellenanzeige zurückgreifen. Damit diese effektiv und erfolgsversprechend nach außen hin veröffentlicht wird, müssen Unternehmen bei der Erstellung verschiedene Kriterien beachten, wie oben in Tabelle 1 abgebildet. Zudem ist bei der Gestaltung das Allgemeine Gleichbehandlungsgesetz (AGG) zu berücksichtigen, um diskriminierenden Formulierungen vorzubeugen.

Um Positionen in höheren oder hohen Hierarchieebenen besetzen zu können, greifen Unternehmen auf Personalberater zurück. Aufgrund ihrer langjährigen Erfahrung und ihrer Vielzahl an Kontakten, erworben durch die Zusammenarbeit mit anderen Unternehmen, können durch den Einsatz von Personalberatern die

---

[18] vgl. Jung, 2017, S. 146

Risiken einer Fehleinstellung minimiert werden. Dienstleistungen wie das Headhunting, Executive bzw. Direct Search sind spezielle Angebote von Personalberatungen, die gezielt nach potenziellen Kandidaten für den Auftraggeber sucht und Kontakt mit ihnen aufnimmt.

Eine weitere aktive Beschaffungsmaßnahme ist das Collegerecruiting. Hierbei betreiben Unternehmen intensive Eigenwerbung an Schulen und Hochschulen. Dabei wird der Fokus auf potenzielle Bewerber gelegt, um geeignetes Personal schon früh für sich zu gewinnen.[19] Maßnahmen können hierbei beispielsweise Praktikums- oder Werkstudentenangebote sowie Hochschulkontaktmessen sein.

2.3 E-Recruiting – Definition, Ziele und Kanäle

„Unter E-Recruiting werden alle jegliche internetbasierte Maßnahmen zur Personalwerbung, Bewerberansprache, -auswahl und Bewerbungsbearbeitung verstanden."[20] Das E-Recruiting wird auch als E-Cruiting, E-Recruitment oder Online-Recruiting bezeichnet.

Ziel der elektronischen Personalbeschaffung ist unter anderem eine Erhöhung der Reichweite über die regionalen Grenzen des Unternehmens hinweg, die Beschleunigung des Personalbeschaffungsprozesses und die Senkung der Personalbeschaffungskosten.[21] Das E-Recruiting nutzt verschiedene Kanäle, um Jobsuchende zu erreichen. Dazu gehören unter anderem:

- Online-Jobbörsen
- Unternehmens und –Karrierewebseiten
- Social Media

Bei **Online-Jobbörsen** handelt es sich um Plattformen, auf denen Unternehmen die Möglichkeit haben, ihre vakanten Stellen zu veröffentlichen. Dadurch wird es wiederum Stellensuchenden ermöglicht über bestimmte Suchkriterien ein für sie passendes Stellenangebot zu finden. Über einen direkten Link in der Stellenanzeige wird der Bewerber meist auf ein auszufüllendes Bewerbungsformular geleitet, womit er seine Bewerbung an das Wunschunternehmen senden kann.

---

[19] vgl. Jung, 2017, S. 150
[20] ebd.
[21] vgl. Kolb et. al., 2010, S. 100

Bei der Rekrutierung über eine **Unternehmens und -Karrierewebseite** wird durch eine eingerichtete Schaltfläche zumeist mit „Freie Stellen" auf offene Stellen hingewiesen.[22] Hier kann die Bewerbung über ein verlinktes Bewerbungsformular oder E-Mail erfolgen. Für viele Stellensuchende ist die Unternehmenswebseite auch die erste Anlaufstelle für die Beschaffung unternehmensrelevanter Informationen.[23] Die Unternehmenswebseite bildet zu dem den Kern, in den alle E-Recruitingmaßnahmen einfließen. Soll heißen, dass in der Regel Online-Jobbörsen, Karrierenetzwerke oder Social Media Kanäle mit der Karriere bzw. Unternehmenswebseite verlinkt sind.

Social Media im Internet finden immer mehr Einsatz bei der Kandidatensuche. So führen Unternehmen eine gezielte Suche auf Plattformen wie XING oder LinkedIn durch. Um sich im Vorfeld bereits einige Informationen über bestimmte Kandidaten einzuholen, werden auch Suchmaschinen wie Google eingesetzt oder soziale Netzwerke wie Facebook genutzt.

2.4 Personalauswahlverfahren

Mit den Bewerbungsunterlagen erhält das Recruiting wichtige Informationen über die sogenannten harten Kriterien wie Ausbildung, Qualifikation oder das Alter eines Bewerbers. Da kaum Rückschlüsse auf die weichen Kriterien wie Teamfähigkeit, Kritikfähigkeit oder Leistungsfähigkeit möglich sind, erfüllen Bewerbungsunterlagen grundsätzlich nur folgende Funktion:

- Negativ-Auswahl, d.h. Ausscheiden der Bewerber, die von ihrer Qualifikation absolut nicht zum Unternehmen und den definierten Anforderungen passen
- Passung des Bewerbers aufgrund seiner rein fachlichen Qualifikation
- Passung des Bewerbers aufgrund seiner Selbstdarstellung.[24]

Aus dem Grund werden in der Personalgewinnung oft verschiedene und mehrere Personalauswahlverfahren in Kombination eingesetzt. Die folgende Tabelle 2 stellt die einzelnen Auswahlverfahren in einer Übersicht dar.

---

[22] vgl. ebd.
[23] vgl. Rath/Salmen, 2012, S. 192
[24] vgl. Lorenz/Rohrschneider, 2015, S. 58

Personalauswahlverfahren	Beschreibung und Einsatz
Bewerbergespräch	Ziel des Bewerbergesprächs ist, den anderen in der zur Verfügung stehenden Zeit so gut wie möglich auf der verbalen wie non-verbale Ebene kennenzulernen und möglichst viele Informationen von ihm aufzunehmen
Telefoninterview	Mit einem Telefongespräch lassen sich alle harten Fakten aus dem Lebenslauf, aber auch Sprachkenntnisse, Motivation und Zielsetzung des Bewerbers gut vorab klären und spart Zeit, Geld und Aufwand auf beiden Seiten
Referenzen	Seltener, weil mit Aufwand verbunden. Können aber sehr informativ sein, die Auskünfte sind aber sehr vom Referenzgeber abhängig
Grafologische Gutachten	Aus der Analyse der Handschrift eines Bewerbers sollen Aussagen über seinen Ehrgeiz, seine charakterlichen Eigenschaften, sein Arbeitsverhalten und vieles anderes mehr abgeleitet werden. Einsatz in Deutschland im betrieblichen Umfeld umstritten und eher selten
Biografische Fragebögen	Einsatz je nach Position. In den USA häufiger als in Deutschland
Leistungstests, Allgemeine Leistungstests, Spezielle Funktionsprüfungs- und Eignungstests, Intelligenztests	Häufig bei Auszubildenden und Berufsanfängern eingesetzt; zum Teil umstrittene Verfahren, die in die Hand des Fachmanns gehören und da auch ihre Berechtigung haben
Persönlichkeitsfragebögen und -tests	Werden genutzt, um berufsrelevante Persönlichkeits-aspekte zu erfassen, die im Gespräch oder Assessment-Center nicht sicher erfasst werden können
Assessment-Center	Eine Methode zur Personalauswahl und Potenzialbeurteilung, bei dem mehrere Verfahrenstypen kombiniert werden und mehr als ein Beobachter eine Einschätzung vornimmt; der Zeitumfang eines AC beträgt in der Regel ein bis drei Tage

Personalauswahlverfahren	Beschreibung und Einsatz
Online-Assessment	Einsatz von internetgestützten Instrumenten zur Beur-teilung und Vorhersage beruflich relevanter biografischer und psychologischer Variablen zur Abschätzung der Eignung eines Bewerbers auf eine bestimmte Position; beinhaltet Online-Tests und Online-Simulationen und wird zur Vorauswahl von Bewerbern genutzt
Online-Assessment mit Recrutainment	Ergänzt das Online-Assessment, um neben den nach den üblichen Qualitätskriterien entwickelten und evaluierten Onlinetests eine unterhaltsame, benutzer-orientierte und somit akzeptierte Darbietung zu ermöglichen
Self-Assessment	Bieten interessierten Bewerbern die Möglichkeit, vor dem eigentlichen Bewerbungsprozess ihre Eignung für eine zu besetzende Stelle im Internet zu überprüfen

Tabelle 2 Personalauswahlverfahren
Quelle: Eigene Darstellung in Anlehnung an Lorenz/Rohrschneider, 2015, S. 115; Diercks/Kupka, 2013, S. 14ff.; Obermann, 2018, S. 1

2.5 Einführung und Einarbeitung neuer Mitarbeiter

„Der Prozess der Personalbeschaffung findet seinen endgültigen Abschluss erst mit der Zuweisung des neuen Mitarbeiters auf eine vakante Stelle und mit Abschluss der Einarbeitung und der Probezeit."[25] Bei der Besetzung der offenen Stelle durch interne Personalbeschaffung, bildet die Versetzung in Verbindung mit der Einarbeitung den Abschluss. Für die Einführung und Einarbeitung eines neuen Mitarbeiters wird in der heutigen Zeit auch das Synonym Onboarding verwendet.

Aufgrund der Wichtigkeit des ersten Tages für einen neuen Mitarbeiter, kann die Einführung mit notwendigen Maßnahmen gut durchdacht erfolgen.[26] Ziel der Einführungsmaßnahmen ist es, die neuen Mitarbeiter möglichst schon am ersten Arbeitstag mit der für sie noch ungewohnten Umgebung vertraut zu machen und ihnen systematisch eine Vielzahl notwendiger und wissenswerter Informationen zu geben.[27] Mit einer gezielten Planung der Einarbeitung eines neuen Mitarbei-

---

[25] Jung, 2017, S. 184
[26] vgl. ebd.
[27] vgl. ebd.

ters, kann Fluktuationen, die nachweislich in den ersten sechs Monaten am höchsten sind, vorgebeugt werden.[28] Ein Unternehmen kann diese Einarbeitungszeit nutzen, um sich rechtzeitig ein Bild über die erbrachten und künftig zu erwartenden Leistungen des Mitarbeiters zu machen. Mithilfe eines Einarbeitungsplans kann festgelegt werden, wer die Betreuung übernimmt, welche Methoden angewandt werden sollen und wie lange die Einarbeitungszeit voraussichtlich dauern soll.[29]

---

[28] vgl. ebd.
[29] vgl. ebd.

3 Gesellschaftliche Entwicklung und ihre Bedeutung für das Recruiting

3.1 Demografischer Wandel und seine Auswirkungen

In Deutschland zeigt sich der demografische Wandel in einem allmählichen Rückgang der Bevölkerung. Die steigende Zahl der älteren Menschen und die gleichzeitig sinkende Bevölkerung im erwerbsfähigen Alter verschieben den demografischen Rahmen auf eine bisher noch nicht dagewesene Weise.

In Deutschland gibt es seit der zweiten Hälfte der 1960er Jahre eine kontinuierliche Abnahme der Geburtenzahlen.[30] Dies ist zum einen damit begründet, dass der Wunsch nach gewollter Kinderlosigkeit angestiegen ist. Zum anderen wünschen sich Paare weniger Kinder. Die geringe Zahl von Kindern ist daher nicht allein auf die hohe Kinderlosigkeit zurückzuführen, sondern auch ganz wesentlich auf das Zurückgehen der Mehrkindfamilien.[31] Die Bevölkerungsentwicklung wird ebenfalls durch die steigende Lebenserwartung der Menschen in Deutschland beeinflusst. So steigt diese seit den 1970er Jahren relativ stetig an und wird nach Meinungen von Wissenschaftlern auch in Zukunft weiter zunehmen.[32]

Bei anhaltender Entwicklung wird laut dem statistischen Bundesamt die Bevölkerungszahl im Jahr 2060 bei stärkerer Zuwanderung 73,1 Millionen Menschen und bei schwächerer Zuwanderung 67,6 Millionen betragen.[33]

Vom Wandel ist nicht nur die Anzahl der Bevölkerung betroffen, insbesondere die Bevölkerung im Erwerbsalter erlebt eine starke Veränderung. Die Bevölkerung im Erwerbsalter 20 bis 64 Jahre wird im Jahr 2060 bei schwächerer Zuwanderung unter 35 Millionen Menschen liegen.[34] Aktuell haben wir ein Erwerbspotenzial der 20 bis 64 Jahre alten Personen bei rund 49 Millionen Personen und würde bedeuten, dass es bis 2060 zu einem Rückgang von 14 Millionen erwerbsfähigen Menschen käme. Die folgende Tabelle 3 zeigt einen Vergleich der Altersgruppen und ihrer Anzahl im Jahr 2013 und 2060.

---

[30] vgl. Brandenburg, 2007, S. 23
[31] vgl. ebd. S. 23
[32] vgl. ebd. S. 21
[33] vgl. Statistisches Bundesamt [Hrsg.] 2015.
[34] vgl. ebd.

Altersgruppe	2013	2060
20 bis 30 Jahren	9,7 Millionen	6,4 Millionen
30 bis 50 Jahren	22,0 Millionen	15,6 Millionen
50 bis 65 Jährigen	17,5 Millionen	12,3 Millionen

Tabelle 3 Entwicklung der Altersgruppen im erwerbsfähigen Alter 2013 und 2060
Quelle: Eigene Darstellung in Anlehnung an Statistisches Bundesamt [Hrsg.] 2015.

Für den Arbeitsmarkt lassen sich mehrere Folgen aus dieser Entwicklung ableiten:

- Zahl junger Arbeitskräfte wird abnehmen aufgrund niedriger Geburtenraten
- Ausgleich von Angebot und Nachfrage auf einzelnen Teilarbeitsmärkten (Branchen, Berufe, Regionen) wird schwieriger, weil junge, gesuchte Arbeitskräfte mobil und flexibel sind
- Zahl Hochqualifizierter (Hochschulabsolventen) wird mittelfristig sinken, so dass Engpässe auf Teilarbeitsmärkten weiter wachsen werden
- Erwerbspersonenpotenzial wird schrumpfen, da altersbedingt mehr Arbeitskräfte aus dem Erwerbsleben ausscheiden als Nachwuchskräfte nachrücken werden
- Durchschnittsalter der verfügbaren Arbeitskräfte wird in den kommenden Jahren deutlich ansteigen.[35]

In Deutschland beschäftigen Fachkräfteengpässe Unternehmen bereits seit einiger Zeit und treten je nach Beruf und Region sehr unterschiedlich auf.[36] Dabei stellen die Knappheiten in den Fachbereichen Technik und Gesundheit die Betriebe seit mehreren Jahren vor große Herausforderungen und betreffen beruflich Qualifizierte ebenso wie Arbeitskräfte mit Fortbildungsabschluss und Akademiker.[37] Der Ausbildungsmarkt stellt ähnliche Herausforderungen an die Unternehmen. Neben dem Stellenmarkt für bereits ausgebildete Fachkräfte, ist der Ausbildungsstellenmarkt ebenfalls von Besetzungsschwierigkeiten gekennzeichnet.[38]

---

[35] vgl. Brandenburg, 2007, S. 27
[36] vgl. Burstedde/Risius, 2017, S. 6
[37] vgl. ebd.
[38] vgl. ebd. S. 22

Im Ausbildungsjahr 2016/2017 wurden von den Unternehmen 549.800 Stellen ausgeschrieben, worauf es 547.800 Bewerber gab.[39] Im Ergebnis blieben 23.700 Bewerber unversorgt und 48.900 Stellen unbesetzt.[40] Eine Ursache dafür, dass Ausbildungsstellen unbesetzt bleiben, liegt in Schwierigkeiten beim Matching, also dem Zusammenfinden von passenden Bewerbern und Ausbildungsstellen.[41]

3.2 Generationen auf dem deutschen Arbeitsmarkt

Die Generationen auf dem deutschen Arbeitsmarkt und ihre unterschiedlichen Werte, Verhaltensweisen und Erwartungen stellen weitere Anforderungen an die Personalbeschaffung. Aktuell bestehen fünf Generationen am deutschen Arbeitsmarkt.

Die **Nachkriegsgeneration** steht rein rechnerisch kurz vor dem Renteneintritt bzw. hat sich im Großteil bereits zur Ruhe gesetzt. Sie hat somit für das Recruiting nur noch eine geringe Bedeutung und wird in dieser Arbeit nicht weiter behandelt.

Die **Baby Boomer**, geboren zwischen ca. 1956 und 1964, bilden das Rückgrat der deutschen Erwerbsbevölkerung und sind zahlenmäßig allen anderen Generationen überlegen.[42] Sie sind gut vernetzt, besetzen aktuell den Großteil der Führungspositionen in Unternehmen und Politik und werden zwischen 2020 und 2030 in den Ruhestand gehen und damit einen erheblichen Rückgang der deutschen Erwerbsbevölkerung hervorrufen.[43]

Die **Generation X**, geboren zwischen 1965 und 1980, besetzen in Organisationen und Unternehmen erste Führungspositionen und stellen aktuell den Großteil der Eltern.[44]

Die Mitglieder der Altersgruppe **Generation Y** wurden zwischen 1981 und 1995 geboren und sind im Wesentlichen die Kinder der Baby Boomer.[45] Sie bilden die Vielzahl an Studierenden oder jungen Beschäftigten und verfügen über eine bes-

---

[39] vgl. Bundesagentur für Arbeit [Hrsg.] 2018.
[40] vgl. ebd.
[41] vgl. Burstedde, Risius, 2017, S. 23
[42] vgl. Klaffke, 2014, S. 12
[43] vgl. ebd.
[44] vgl. ebd. S. 12f.
[45] vgl. ebd. S. 13

sere Qualifikation als ihre Vorgänger.[46] Vertreter dieser Altersgruppe ohne Festanstellung werden mitunter auch Generation Praktikum genannt.

Die **Generation Z** oder auch Generation Internet ist die jüngste Altersgruppe und umfasst die nach 1995 Geborenen. Sie ist die erste Generation die vollkommen im digitalen Zeitalter aufwächst und ihnen mit Smartphones, Computer und dem allgegenwärtigen Internet neue Kommunikations- und auch vielfältige Selbstinszenierungsmöglichkeiten erlauben.[47] Sie sind im Wesentlichen die Kinder der Generation X und befinden sich überwiegend in Kita, Kindergarten, Schulausbildung oder schon bereits in einer Berufsausbildung.[48] Die Tabelle 5 stellt die Generationen im Vergleich dar.

---

[46] vgl. ebd.
[47] vgl. ebd. S. 14
[48] vgl. ebd.

Gesellschaftliche Entwicklung und ihre Bedeutung für das Recruiting

	Babyboomer	Generation X	Generation Y	Generation Z
Prägende Trends und Rahmenbedingungen	Mauerbau 1961 Technischer Fortschritt Mondlandung 1968er Terrorismus durch RAF	Tschernobyl Ozonloch, Wald- und Artensterben Medienrevolution durch PC, Mikrowelle, Videorekorder etc. Wiedervereinigung	Internet und Digitalisierung Globalisierung Soziale Netzwerke Wirtschafts- und Finanzkrise Terroranschläge 9/11 und Irakkriege	Mediatisierung durch Google, Wikipedia, YouTube Smartphone und Tablet Multikulturalisierung der Gesellschaft Finanzkrise/Tsunami G8 Abitur Bachelor- und Masterstudium
Generationsgeprägte Grundhaltungen und Merkmale	Gesundheit, Menschenwürde, Freiheit und Liebe bilden wichtigste Grundwerte soziale Gerechtigkeit starke Freizeitorientierung Familiengründung starkes Selbstbewusstsein Teamfähigkeit Durchsetzungsvermögen und Idealismus großes politisches Engagement	Arbeit statt Freizeit soziale Gerechtigkeit zuverlässig, aufgeschlossen und verantwortungsbewusst selbstsicher, freundlich, rational und teamorientiert hohes Sicherheits-bedürfnis setzen auf Eigenleistung und Eigenvorsorge	Leistungsbereitschaft Entwicklung und Selbstverwirklichung von großer Bedeutung Technologieaffine Lebensweise Genuss Work-Life-Balance Sinnstiftung und Wirkungsentfaltung Mobilität	Realismus optimistisch starke Loyalität und Bindung zu Familie und Freunden Individualismus Nachhaltigkeit Sicherheitsbedürfnis Freizeitorientiert weltoffen ständige Erreichbarkeit pragmatisch technikaffin

	Babyboomer	Generation X	Generation Y	Generation Z
Anforderungen an den Arbeitgeber	Respekt und Wertschätzung vom AG und Mitarbeiter Sicherer Arbeitsplatz Berücksichtigung eigener Ideen Eigenverantwortung gutes Einkommen Weiterbildungsmöglichkeiten Vermeidung von Diskriminierung sowie Generationen-konflikten gute Führung durch Führungskräfte	Bereit für Arbeitsplatzwechsel bei besserem Preis- Leistungsverhältnis bevorzugt Freiraum für Aufgaben, Arbeitsplatz, Ort und Zeit Längerfristige und tragfähige Entwicklungsperspektiven wenig Flexibilität Verzicht auf Karriere für Familie Familienfreundliche Personalpolitik bietet Chance für Vereinbarkeit von Beruf und Familie	Geringe Loyalität zum Arbeitgeber Erwartung an guter Arbeitgebermarke Angebot neuer Fach- und Karrierelaufbahnen schnelle Rekrutierungsprozesse Voraussetzung eines On-Boarding im Unternehmen Sensibilität der Führungskräfte neue Bindungsmethoden und -instrumente	strikte Trennung von Beruf und Privatleben geregelte und konstante Arbeitszeiten Home Office nur als Ausnahme positiv erlebbares Arbeitsumfeld positives Feedback ständige Wertschätzung Ideeneinbringung Anerkennung starke Kommunikation zu anderen Menschen gute Aufstiegsmöglichkeiten genügend Freizeit

Tabelle 4 Generationenvergleich – Charakteristika und Anforderungen gegenüber Arbeitgebern

Quelle: Eigene Darstellung in Anlehnung an Scholz, 2014, S. 73 ff.; Klaffke et al., 2014, S. 59 ff.; Oertel, 2014, S. 27 ff.

3.3 Das Web und seine Bedeutung für das Recruiting

Mit dem Web 1.0 waren damals hauptsächlich nur die Unternehmen und Organisationen in der Lage, Inhalte für das Web zu erstellen oder Informationen bereitzustellen. Somit blieb den Nutzern nichts anderes übrig als diese Inhalte und Informationen auf- und anzunehmen.[49]

Einige Jahre später entstand nach der Jahrtausendwende eine Welle von Technologien, Plattformen und Angeboten, die als Web 2.0, Social Media oder Mitmach-

---

[49] vgl. Bärmann, 2012, S. 13f

Web bezeichnet wird.[50] Die Unternehmen waren von nun an nicht mehr in der alleinigen Position Informationen und Inhalte ins Web zu stellen und kontrolliert zu verbreiten. Die Nutzer hatten jetzt die Möglichkeit durch zentrale Plattformen wie Facebook, Blogs, Myspace, XING und viele andere selbst Informationen und Inhalte im Netz zu veröffentlichen. Dadurch boten sich viele Vorteile, vor allem beim Einkauf oder der Recherche nach Informationen. Den Unternehmen hingegen brachte es eher den Verlust der Kontrolle, da man keinen Einfluss mehr auf die Veröffentlichung über Marken, Produkte oder seinem eigenen Unternehmen durch Nutzer hatte. Desweiteren verlieren alte, bisher erfolgreiche Kommunikationskanäle wie Print- oder Bannerwerbung in vielen Bereichen immer mehr an Bedeutung.[51] Auch die Personalwirtschaft hat durch diese Veränderung mit großen Konsequenzen zu leben. Die Nutzer können heute anhand von Suchmaschinen gezielt im Web mit wenigen Klicks ein vollkommenes Bild eines Unternehmens erhalten.[52] Unternehmen werden dadurch so unter Druck gesetzt, dass sie schon fast gezwungen sind ein sauberes Image durch eine tolle Internetpräsenz vorzuweisen, um begehrte Absolventen und Fachkräfte nicht abzuschrecken. Auch die Suche nach neuem Personal erweist sich heute als Herausforderung. Stellenanzeigen in Printmedien oder auf der unternehmenseigenen Homepage verlieren immer mehr an Bedeutung. Die alten Medien wie Zeitungen oder Zeitschriften aus Papier sind den jungen Bewerbern zu passiv und eindimensional, weshalb Online-Jobportale wie monster.de oder Stepstone.de enorm erfolgreich sind.[53] Neben diesen Online-Jobportalen nutzen potenzielle Bewerber auch soziale Netzwerke wie Facebook oder Twitter, um eine Vorstellung über einen potenziellen Arbeitgeber zu erhalten.

Diese Entwicklung des Webs ist bis heute nicht stehen geblieben und so kam es im Jahr 2010 zur Geburtsstunde des Webs 3.0. Das Web 3.0 beschreibt eine Kombination aus 2.0-Anwendungen und Techniken des semantischen Webs, wobei die Nutzer einen beschleunigten Fluss mit Statusmeldungen über sich selbst mithilfe von smarten Mobiltelefonen produzieren.[54] Aktuell befinden wir uns am Anfang des Webs 4.0, in der die Menschen beginnen die Technologien kritisch zu hinter-

---

[50] vgl. ebd. S. 14
[51] vgl. ebd.
[52] vgl. ebd.
[53] vgl. ebd. S. 14f
[54] vgl. Dannhäuser, 2017, S. 417

fragen und auf ihren konkreten Nutzen hin überprüfen.⁵⁵ Die folgende Abbildung 2 stellt die Evolution des Webs dar.

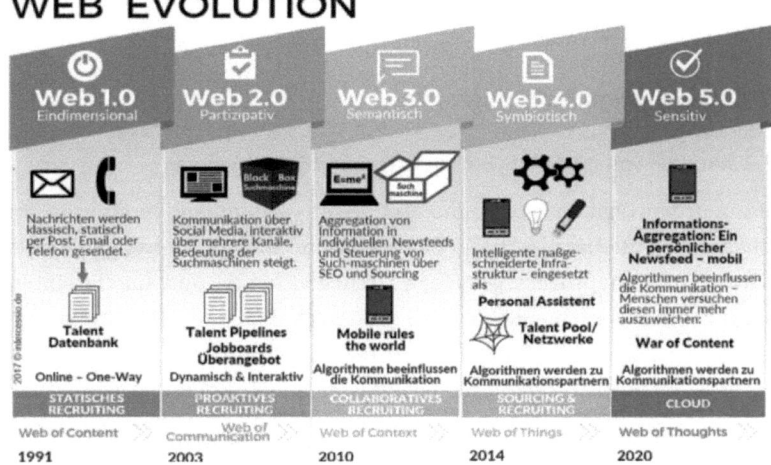

Abbildung 2 Web Evolution
Quelle: Dannhäuser, 2017, S. 418

---

55 vgl. ebd.

4 Anforderungen an das Personalrecruiting heute und morgen

In diesem Kapitel werden die gegenwärtigen und zukünftigen Anforderungen mithilfe aktueller Studien und Literatur herausgearbeitet, die einen direkten Einfluss auf das Recruiting haben.

4.1 Gegenwärtige Anforderungen

4.1.1 Nutzung von medialen und technischen Möglichkeiten

Aufgrund der Digitalisierung und das damit verbundene veränderte Nutzungsverhalten von Medien durch die Bewerber, sind die Anforderungen insbesondere an den Recruitingprozess gestiegen. Stellensuchende und Karriereinteressierte nutzen heute unterschiedliche Kanäle, um nach dem besten Job für sie zu suchen. Dies hat zur Folge, dass Unternehmen auf neue technische und mediale Möglichkeiten setzen müssen, um diesen bei ihrer Personalgewinnung gerecht werden zu können.

Aus Sicht der Kandidaten um einen Job aktiv zu finden, nutzen laut einer Studie der Otto-Friedrich-Universität Bamberg aus dem Jahre 2017 rund 77% der 3400 befragten Bewerber Internetstellenbörsen, rund 43% nutzen Karrierenetzwerke und circa 41% suchen auf Karrierewebseiten.[56] Die Suchmaschine nutzen rund 38% der Kandidaten, um eine offene Stelle zu finden, gefolgt von der Agentur für Arbeit mit 26,5%. Die selbige Studie zeigte ebenfalls, dass aus Sicht der Kandidaten die Internetstellenbörse, Personalberater bzw. Headhunter, Empfehlung eines Bekannten, Unternehmenswebseiten und Personalvermittlungen zu den geeignetsten Kanälen gehören, um aktiv einen Job zu finden.[57]

Um diesen Anforderungen der Bewerber nachzukommen, ergab sich aus einer Befragung der Staufenbiel Institut GmbH und Kienbaum Consultants GmbH im Jahr 2017, dass 85% der 297 befragten Unternehmen Online-Jobbörsen für ihre Stellenanzeigen und 79% die eigene Karrierewebseite nutzen. Nur 40% setzen auf Print-Stellenanzeigen.[58] Damit lässt sich klar erkennen, dass Printmedien von den digitalen Möglichkeiten in der Veröffentlichung von Stelleninseraten eingeholt worden sind. Ähnliche Ergebnisse lieferte die Studie der Otto-Friedrich-

---

[56] vgl. Weitzel et al., 2017, S. 13
[57] vgl. ebd.
[58] vgl. Staufenbiel Institut GmbH/Kienbaum Consultants International GmbH, 2017, S.19

Universität Bamberg im Jahre 2017 in der 251 Unternehmen befragt wurden. Die Unternehmenswebseite nutzen 88,9% der Unternehmen, gefolgt von der Internetstellenbörse mit 67,6% als Recruiting-Kanal. Nur 13,8% setzen auf die Printmedien zur Veröffentlichung ihrer Vakanzen.[59]

Insbesondere die Nutzung von Social Media Plattformen gewinnt mehr an Bedeutung. So nutzen aktuell rund 13,8 Millionen Menschen im deutschsprachigen Raum das Karrierenetzwerk XING, gefolgt von LinkedIn, das rund 11 Millionen Nutzer hat.[60] Neben diesen Karrierenetzwerken werden auch Plattformen wie Google+, Facebook, Spezialistenforen, Blogs, YouTube, Twitter und Instagram genutzt. Unternehmen haben dieses Potenzial für ihre Personalgewinnung erkannt. Jedes vierte Unternehmen schaltet seine Stellenanzeigen heute auf XING und einer von zehn Arbeitgebern veröffentlicht seine offenen Stellen auf LinkedIn.[61]

Damit Bewerber auf den verschiedensten Wegen erreicht werden können, nutzen Unternehmen bereits mehrere Informationsquellen. Die Tabelle 5 gibt einen Überblick über die wichtigsten Informationsquellen für Bewerber, um in klassischen oder digitalen Quellen über Stellenangebote und Arbeitgeber informiert zu werden.

Klassische Informationsquellen	Online-Informationsquellen für Stellenangebote	Online-Informationsquellen über Arbeitgeber
Zeitungsinserate	Allgemeine Jobplattformen	Firmenwebseite
Plakate, Aushänge	Spezialisierte Jobplattformen	Newsletter, Pressemeldungen
Job- und Karriereveranstaltungen	Ansprache aufgrund von Lebenslaufdatenbanken	Berichterstattung
Personalberatungen	Firmenwebseite	Arbeitgeberbewertungen
Produkte und Dienstleistungen	Soziale Netzwerke und Karrierenetzwerke	Meinungen in sozialen Medien
Berichterstattungen	Suchmaschinen	Ergebnisse in Suchmaschinen

---

[59] vgl. Weitzel et al., 2017, S. 10
[60] vgl. Schumann, 2018.
[61] vgl. Weitzel et al., 2017, S. 8

Klassische Informations-quellen	Online-Informationsquellen für Stellenangebote	Online-Informationsquellen über Arbeitgeber
Arbeitskollegen und Berufsumfeld	Ansprache aufgrund von Online-Profilen	
Familien und Freunde	Empfehlungen durch Bekannte	
	Kollektive Personaldienst-leistungen	
	Arbeitsagentur	

Tabelle 5 Wichtigsten Informationsquellen für Bewerber im Überblick
Quelle: Eigene Darstellung in Anlehnung an Arnold, 2012, S. 33

Um den zunehmenden Anforderungen gerecht werden zu können, werden im Recruiting verschiedene Technologien eingesetzt. Bewerbermanagementsysteme gehören zu den mit Abstand am häufigsten genutzten Technologien.[62] Insbesondere für die Verwaltung von Bewerberdaten und –dokumenten besitzen sie eine enorme Bedeutung für das Recruiting.

Für die gezielte Suche von Bewerbern nutzt das Recruiting z.B. Software wie den XING Talent Manager oder LinkedIn Recruiter. Weitere Technologien sind Software zur Unterstützung der Auswahl und Beurteilung von Bewerbern. Die nachfolgende Abbildung 3 zeigt das Ergebnis einer Studie des Institute Competitive Recruiting aus dem Jahre 2017, in der 297 Unternehmen nach dem Einsatz ihrer Technologien befragt wurden.

---

[62] vgl. Brickwedde, 2017, S. 11

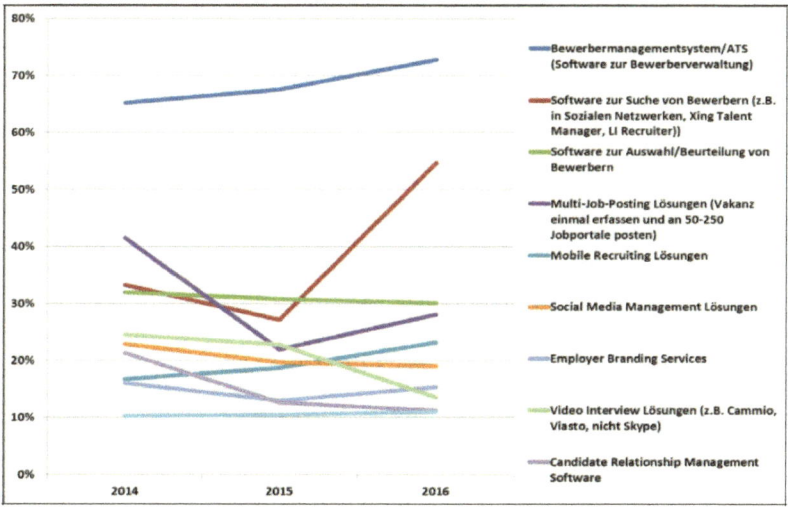

Abbildung 3 Nutzung von Recruiting Technologien
Quelle: Brickwedde, S. 10

4.1.2 Anforderungen an den Bewerbungsprozess

Neben den technischen und medialen Ansprüchen, haben auch die Anforderungen an den Bewerbungsprozess auf Seiten der Kandidaten zugenommen.

Die nachfolgende Abbildung 4 zeigt das Ergebnis aus einer Studie der Otto-Friedrich-Universität Bamberg im Jahre 2017. Dabei wurden Kandidaten und Unternehmen nach den Bewerbungsformen gefragt und welche sie davon für ihren Bewerbungsprozess präferieren. Im Ergebnis bevorzugen die Top-1.000 Unternehmen deutlich das Bewerbungsformular, der Mittelstand und die Kandidaten präferieren jedoch klar die E-Mail-Bewerbung. Auf die papierbasierte Form wollen beide Seiten vermehrt verzichten. Ein wichtiges Ergebnis aus derselben Studie stellt auch das Verhalten der Bewerber bei der Forderung nach einer Formularbewerbung dar. 87,3% der Bewerber kommen dennoch dieser Forderung nach, 6,3% bewerben sich auf einem anderen Weg und 6,4% sehen den Zwang einer Formularbewerbung als einen Grund, sich bei dieser Firma nicht zu bewerben.

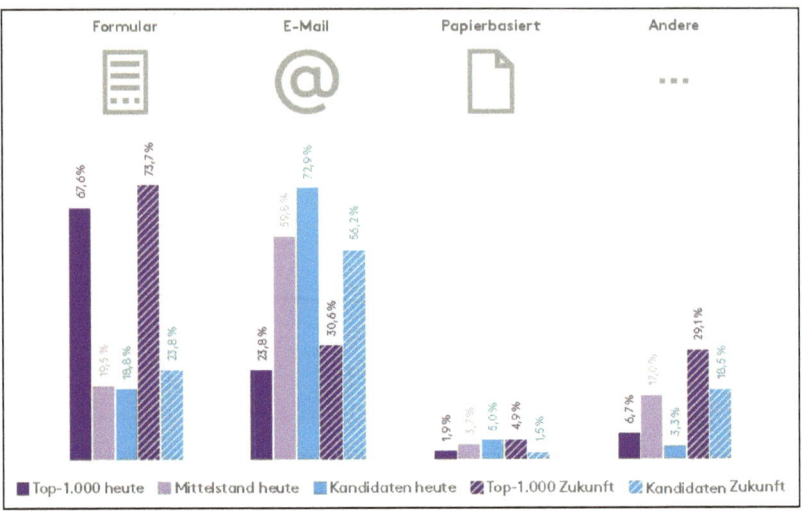

Abbildung 4 Präferenz für eine Formen der Bewerbung
Quelle: Weitzel et al., 2017, S. 7

Die zunehmende Erwartungshaltung der Bewerber spiegelt sich insbesondere in den Wünschen nach Informationen wieder, sobald ihre Bewerbung beim Wunscharbeitgeber eingegangen ist.

Eine Studie der Otto-Friedrich-Universität Bamberg konnte im Jahr 2016 aufzeigen, dass sich neun von zehn Bewerbern eine Eingangsbestätigung und Infos zum weiteren Verlauf des Bewerbungsprozesses wünschen. Ebenfalls gaben mehr als 91% der Bewerber an, dass sie gerne Angaben zum Zeitraum für eine Rückmeldung hätten und sich eine Angabe zum Absagegrund wünschen. Acht von zehn Kandidaten wünschen sich einen Ansprechpartner, falls sich Rückfragen ergeben sollten. Zudem wünschen sich rund 60% der Kandidaten ein Angebot zur Aufnahme in einen Kandidatenpool, auf den Unternehmen später bei Bedarf zurückgreifen können. Mehr als die Hälfte der Stellensuchenden und Karriereinteressierten nennt außerdem den Bearbeitungsstatus im Internet als wichtiges Kriterium bei der Bewerbung.[63]

Ein wesentlicher Teil des Bewerbungsprozesses besteht darin, geeignete Kandidaten aus einem Pool von eingegangenen Bewerbungen auszuwählen und sie im

---

[63] vgl. ebd.

Anschluss kennenzulernen. Wenn potenzielle Kandidaten die Personalverantwortlichen mit ihrer Bewerbung überzeugen konnten, werden im nächsten und letzten Schritt des Bewerbungsprozesses bei 98% der Unternehmen persönliche Vorstellungsgespräche geführt.[64] Auch hier haben die Kandidaten verschiedene Erwartungen und Vorstellungen an ein solches Interview. In einer von der Monster Worldwide Deutschland GmbH in Auftrag gegebenen Studie im Jahr 2016, wurden Kandidaten nach sogenannten „Big Failures" befragt, die Unternehmen aus ihrer Sicht nach begehen können, die sie in einem Vorstellungsgespräch als besonders unangebracht empfinden würden. Die Befragung zeigte, dass das Auftreten der Personaler oder auch anderer Mitarbeiter im Bewerbungsgespräch am häufigsten genannt wurde und damit als größter potenzieller „Big Failure" der Unternehmen von den Stellensuchenden und Karriereinteressierten gesehen wird. Darunter wurden Aktivitäten wie ein unprofessionelles Auftreten, eine schlechte Organisation oder Unpünktlichkeit genannt, die als besonders störend empfunden wurden. Aus Sicht der Kandidaten war an zweiter Stelle der Inhalt eines Gesprächs, die durch oberflächliche, ungenaue oder zu technische Bewerbergespräche als unangemessen empfunden wurden. Auch fehlende Flexibilität auf Seiten der Personalabteilung wie z.B. keine Telefongespräche anzubieten beziehungsweise vor Ort sein zu müssen, wurde an dritter Stelle als „Big Failure" genannt.[65]

4.1.3 Rechtliche Anforderungen im Recruiting

Die Beachtung und Einhaltung verschiedener Gesetzestexte spielen eine wesentliche Rolle in der Personalbeschaffung. Relevante Gesetzestexte, insbesondere für die Erstellung einer internen wie auch externen Stellenausschreibung, der Anfertigung eines Arbeitsvertrages sowie dem Nachkommen von Anforderungen von Seiten des Betriebsrats sind dabei stets zu berücksichtigen. In der folgenden Tabelle wird eine Übersicht gezeigt, die eine Vielzahl von speziellen Gesetzestexten zugunsten des Arbeitnehmers beinhaltet, die im Personalrecruiting Anwendung finden.

---

[64] vgl. Staufenbiel Institut GmbH/Kienbaum Consultants International GmbH, 2017, S. 9
[65] vgl. Weitzel et al., 2016, S. 10f.

Tarifvertragsgesetz	**TVG**	Betriebsverfassungsgesetz	**BetrVG**
Bundesurlaubsgesetz	**BUrlG**	Schwerbehindertenrecht	**SGB IX**
Arbeitsplatzschutzgesetz	**Arb-PlSchG**	Kündigungsschutzgesetz	**KSchG**
Mutterschutzgesetz	**MuSchG**	Jugendarbeitsschutzgesetz	**JArbSch**
Berufsbildungsgesetz	**BBiG**	Arbeitszeitgesetz	**ArbZG**
Gewerbeordnung	**GewO**	Wehrpflichtgesetz	**WehrpflG**
Bundespersonalvertretungsgesetz	**BPersVG**	Allgemeines Gleichbehandlungsgesetz	**AGG**
Teilzeit- und Befristungsgesetz	**TzBfG**	Mindestlohngesetz	**MiLoG**

Tabelle 6 Relevante Gesetzestexte für das Personalrecruiting
Quelle: Eigene Darstellung in Anlehnung an Jung, 2017, S. 181

Rechtliche Anforderungen im Social Web

Auch im Social Web müssen rechtliche Anforderungen Beachtung finden. So müssen Unternehmen bei der eigenen Präsenz auf Social Media Plattformen wie Facebook, YouTube und anderen die rechtlichen Anforderungen des Telemediengesetzes (TMG) beachten. Demnach müssen Unternehmen der Impressumspflicht gemäß § 5 TMG nachkommen, sobald man im Internet geschäftsmäßig auftritt. Auch ist hierbei das Urheberrechtsgesetz (UrhG) zu beachten. Für die Haftung nutzergenerierter Inhalte ist der § 10 des TMG zu berücksichtigen, der sich für Schadensersatzansprüche ergibt.

Werden über Social Media Plattformen Personalgewinnungsmaßnahmen betrieben, haben sich Unternehmen am jeweils nationalen geltenden Recht zu orientieren. Hierbei ist das Gesetz gegen den unlauteren Wettbewerb (UWG) zu beachten. Die §§4 Nr. 3 und 11 verbieten Unternehmen explizit ein verschleiertes Auftreten, also die bewusste Verschleierung ihrer Identität. Entsprechende Maßnahmen in den sozialen Medien haben sich außerdem an den Grenzen § 5 UWG (irreführende Werbung) und § 7 UWG (unzumutbare Belästigung) zu messen.[66] Unternehmen müssen auch den jeweiligen Nutzungsbedingungen nachkommen, die der

---

[66] vgl. Dannhäuser et al., 2017, S. 338

Plattformbetreiber vor der Nutzung an sie stellt. Wird gegen diese Vorgaben verstoßen, kann es zu Verwarnungen und sogar bis zum Ausschluss von der Plattform kommen.

Führt das Recruiting Bewerberrecherchen in sozialen Netzwerken durch, ist zu beachten, dass die Daten der Bewerber gemäß § 3 Abs. 11 Nr. 7 des Bundesdatenschutzgesetzes (BDSG) geschützt sind. Nach § 4a BDSG können die Daten der Bewerber erst erhoben werden, wenn diese vor der Erhebung informiert wurden und dann ausdrücklich zugestimmt haben. Nach §35 Abs. 2 BDSG sind personenbezogene Daten wieder zu löschen, sobald ihre Kenntnis für die Erfüllung des Zwecks der Speicherung nicht mehr erforderlich ist. Beim Active Sourcing liegt eine ausdrückliche Einwilligung jedoch nicht vor. So ist der § 28 Abs. 1 Nr. 3 BDSG zu beachten, der Unternehmen dazu berechtigt, allgemein zugängliche Daten zu erheben. Daraus wird abgeleitet, dass Daten aus dem Internet, die ohne Zugangsbeschränkung erreichbar sind, in aller Regel auch verwendet werden dürfen.[67]

4.2 Zukünftige Anforderungen

4.2.1 Zunehmende Bedeutung des Internets

Das Internet wird für die Gewinnung neuer Mitarbeiter immer wichtiger, insbesondere für die Kommunikation, die über und mit den sozialen Internetmedien nicht nur ein vorübergehendes Phänomen darstellt, sondern auch in Zukunft nicht mehr ernsthaft infrage gestellt werden können.[68]

Aktuelle Studien haben gezeigt, dass Bewerber verstärkt nach freien Stellen auf Online-Jobbörsen, Karrierewebseiten oder Karrierenetzwerken suchen. Zudem nutzen sie verstärkt Karrierewebseiten oder Social Media Plattformen um sich relevante Informationen über das Unternehmen einzuholen. Auch der Bewerbungsprozess erfolgt verstärkt durch die Nutzung digitaler Formen wie E-Mail oder Onlineformulare, wie uns bereits Kapitel 4.1.3 zeigen konnte. Neben der aktiven Suche, ist die passive Bewerbung schon lange der Favorit unter den Kandidaten.[69] Dabei nutzen sie Lebenslaufdatenbanken von Internetstellenbörsen wie

---

[67] vgl. ebd. S. 340
[68] ebd. S. 333
[69] vgl. ebd. S. 8

Stepstone oder öffentliche XING-Profile, um durch Jobangebote von Unternehmen angesprochen zu werden.

4.2.2 Zukünftige Anforderungen an den Bewerbungsprozess

Die Erwartungen und Ansprüche hinsichtlich des Bewerbungsprozesses werden in Zukunft steigen, da Stellensuchende und Karriereinteressierte einen immer schnelleren, unkomplizierteren und ortsunabhängigen Prozess fordern. Die Bedeutung des Mobile Recruiting, der digitalen Bewerbungsformen und die erhöhten Ansprüche an die Bereitstellung von relevanten Informationen zum Bewerbungsprozess werden daher zunehmen.

Mobile Recruiting in Zukunft

Mobile Recruiting, also die Verwendung von Smartphones oder Tablets zur Suche nach und Bewerbung auf Stellenanzeigen ist ein starker Trend in der Personalbeschaffung.[70] Die Rekrutierung sowie Bewerbung mittels mobiler Endgeräte in Zukunft werden häufiger erfolgen und somit wird deren Bedeutung im Recruiting weiter steigen.[71] Das lässt sich damit begründen, dass Bewerber häufig mittels Smartphone oder Tablet an den verschiedensten Orten nach Stellenanzeigen suchen und sich auch darauf bewerben. Zudem präferiert fast jeder zweite Bewerber die mobile Bewerbung gegenüber der traditionellen Bewerbung.[72]

Bewerbungsformen der Zukunft

Der große Verlierer dieser Erwartungen hinsichtlich der Bewerbungsform ist ganz klar die papierbasierte Bewerbung. Kandidaten und Unternehmen präferieren in Zukunft lieber eine digitale Form der Bewerbung und würden gerne auf eine papierbasierte Form verzichten.[73] Jedoch gibt es bei den digitalen Formen eine große Diskrepanz zwischen Unternehmen und Bewerbern. Die Stellensuchenden und Karriereinteressierten möchten in Zukunft eher auf die Form der E-Mail-Bewerbung zurückgreifen, Unternehmen hingegen auf die Form des Formulars.[74] Neben der E-Mail-Bewerbung und dem Bewerbungsformular stellt sich die One-Click-Bewerbung als neue Form der Bewerbung dar. Dabei wird es Kandida-

---

[70] vgl. ebd.
[71] vgl. Weitzel et al., 2017, S. 15
[72] vgl. ebd. S. 14
[73] vgl. Weitzel et al., 2017, S. 7
[74] vgl. ebd.

ten ermöglicht, aus einem Karrierenetzwerk oder einer Lebenslaufdatenbank ihr aktuelles Profil mit nur einem Klick in die Datenbank des Wunscharbeitgebers zu importieren oder per Mail zu versenden.[75] Aktuell gibt es nur einen geringen Teil von Bewerbern, die die One-Click-Bewerbung heute als wichtige Möglichkeit der Bewerbung sehen. Dies ist damit begründet, dass die Kandidaten durch eine One-Click-Bewerbung eine individualisierte Bewerbung erschwert wird.[76] Zudem ist ihrer Meinung nach eine individualisierte Bewerbung erfolgsversprechender als eine standardisierte Bewerbung, wie dies eben durch eine One-Click-Bewerbung der Fall wäre.[77] Dennoch glauben fast die Hälfte der Unternehmen und ein Drittel der Kandidaten, dass die One-Click-Bewerbung in Zukunft eine wichtige Möglichkeit der Bewerbung darstellen wird.[78] Eine weitere Form der Bewerbung stellt die anonyme Bewerbung dar. Fast 30% der Kandidaten gaben an, dass diese Form der Bewerbung in Zukunft eine wichtige Rolle spielen wird.[79] Somit stehen den Bewerbern fünf Formen zur Verfügung, auf die sie bei ihrer Bewerbung zurückgreifen können.

Informationsbedürfnisse und –angebote nach Bewerbungseingang

Informationsbedürfnisse aus Sicht der Kandidaten, sobald ihre Bewerbung beim Unternehmen eingegangen ist, werden auch in Zukunft eine zunehmende Relevanz hinsichtlich der steigenden Erwartungen an den Bewerbungsprozess haben. Für die Zukunft wünschen sich 9 von 10 Stellensuchende und Karriereinteressierte eine Eingangsbestätigung, einen Ansprechpartner für Rückfragen, Informationen zum weiteren Verlauf, einen Zeitraum für Rückmeldung und die Angabe nach dem Absagegrund. Zudem wollen 7 von 10 Bewerbern in einen Kandidatenpool aufgenommen werden, um eventuell bei späterem Bedarf durch das Unternehmen auf die Bewerbung des Kandidaten wieder zurückgreifen zu können.[80]

---

[75] vgl. ebd. S. 13
[76] vgl. ebd. S. 15
[77] vgl. ebd.
[78] vgl. ebd.
[79] vgl. ebd. S. 17
[80] vgl. Weitzel et al., 2017, S. 8

Informationsbedürfnisse über offene Stellen und Unternehmen

Bereits heute werden in einigen Unternehmen digitale Karriereberater, sogenannte Bots eingesetzt. Diese Karriereberater beantworten schnell und automatisiert Fragen von Kandidaten zu offenen Stellen, Karrieremöglichkeiten und Informationen über das Unternehmen. Aus Kandidatensicht zeigte eine Studie der Otto-Friedrich-Universität Bamberg im Jahre 2017, dass mehr als ein Drittel der befragten Kandidaten im Rahmen der Suche nach offenen Stellen gerne einen digitalen Karriereberater nutzen würde. Darüber hinaus glaubt jeder zweite Kandidat, dass digitale Karriereberater in Zukunft immer häufiger angeboten werden. Dies lässt sich damit begründen, dass fast jedes zweite Unternehmen und jeder zweite Kandidat positive Auswirkungen im Service von Karrierenetzwerken, Online-Jobbörsen und der eigenen Karrierewebseiten sehen.[81]

4.2.3 Vom Recruiter zum Recruiter

So wie der Themenbereich Recruiting, unterzieht sich sinnvollerweise auch der Beruf des Recruiters einem Wandel. Um in Zukunft erfolgreiches Recruiting betreiben zu können, bedarf es neben einem Umdenken in den Unternehmen auch einen neuen Typ von Recruiter.[82] War der Recruiter 1.0 eher ein verwaltender Administrator, so wird der Recruiter 2.0 in Zukunft mehr die Rolle eines Verkäufers und Beraters einnehmen.[83] Diese neue Rolle bringt auch neue und höhere Anforderungen mit sich. Damit dieser die wirklich guten und passenden Kandidaten gewinnen kann, muss er proaktiv vorgehen können. Zu diesem Zweck muss der Recruiter sämtliche Rekrutierungsmöglichkeiten kennen und nutzen und seinen Markt und sein Business verstehen.[84] Er unterstützt damit seinen Fachvorgesetzten aktiv als strategischen Partner und agiert somit nicht nur als Dienstleister sondern vielmehr als Berater.[85] Ein sicherer Umgang mit dem Internet, insbesondere webbasierte Anwendungen wie soziale Netzwerkplattformen oder Blogs, werden neben diesen beratenden Tätigkeiten erwartet.[86]

---

[81] vgl. Weitzel et al., 2017, S. 20ff.
[82] vgl. Brickwedde [Hrsg.] 2013.
[83] vgl. Dannhäuser, 2017, S. 6
[84] vgl. Brickwedde [Hrsg.] 2013.
[85] vgl. ebd.
[86] vgl. ebd.

Die nachfolgende Tabelle 8 zeigt in einem Überblick die Unterschiede zwischen einem Recruiter 1.0 und einem Recruiter 2.0.

Kriterium	Recruiter 1.0	Recruiter 2.0
Selbstverständnis	Administrator	Berater & Verkäufer
Auftragsannahme	Nimmt Jobprofil vom HM entgegen	Berät und challenged HM bei Erstellung des Jobprofils
Stellenausschreibung	Publiziert das Jobprofil online oder in Printmedien	Erstellt eine performanceorientierte Stellenausschreibung
Bewerbersuche	Sucht nur passiv (Print und/oder Online)	Sucht auch aktiv in allen zielgruppenadäquaten Kanälen
Vorauswahl	Führt die Vorauswahl anhand des Jobprofils durch	Hat ein tiefes Verständnis für die zu besetzende Position
Bewertung	Ist sich aufgrund des unscharfen Profils unsicher	Nutzt eignungsdiagnostische Kenntnisse beim Abgleich der Erfordernisse und Qualifikationen
Interview	Interviewt zu viel, da Verständnis für Profil fehlt	Interviewt verhaltensbasiert mit Verständnis für die notwendigen Kompetenzen
Bewerberüberzeugung	Bietet Bewerber nur Standardvertrag an	Überzeigt Bewerber mit differenzierter Arbeitgebermarke
Interaktion mit Hiring Manager	Agiert als Dienstleister für Hiring Manager	Wird vom HM als Experte angesehen und als Berater geschätzt

Tabelle 7 Unterschied zwischen Recruiter 1.0 und Recruiter 2.0
Quelle: Eigene Darstellung in Anlehnung an vgl. Brickwedde [Hrsg.] 2013.

Die notwendigen Kompetenzen des Recruiters 2.0 müssen auf funktionaler und geschäftlicher Ebene vorhanden sein, um den Anforderungen im Recruiting gerecht werden zu können. Die folgende Tabelle 9 zeigt in einer Übersicht die funktionalen und geschäftsbezogenen Kompetenzen.

Funktionale Kompetenzen	Geschäftsbezogene Kompetenzen
Auftragsannahme	Unternehmerisches Denken
Proaktivität	Kundenbetreuung
Bewerbersuche	Sozialkompetenz
Auswahl	Führungsverhalten
Bewerbermanagementsystem	Menschenführung
Bewertung/Beurteilung	Projektmanagement
Verhaltensbasiertes Interviewern	Vertrieb
Bewerberbetreuung und –überzeugung	Technologie
Interaktion mit dem einstellenden Manager	Beratung

Tabelle 8 Kompetenzen des Recruiters 2.0
Quelle. Eigene Darstellung in Anlehnung an Brickwedde [Hrsg.] 2013.

4.2.4 Rechtliche Anforderungen ab Mai

Die EU-Datenschutz-Grundverordnung (DSGVO) wurde am 14.04.2016 durch das europäische Parlament verabschiedet und tritt ab dem 25.05.2018 in Kraft. Als Verordnung hat die DSGVO mit Inkrafttreten unmittelbare Wirkung in den Mitgliedsstaaten der EU und somit hat sich jede Datenverarbeitung an diese Verordnung zu orientieren. Rechtlich geregelt ist der Beschäftigtendatenschutz und damit auch der Bewerberdatenschutz noch bis zum 24.05.2018 nach § 32 Bundesdatenschutzgesetz (BDSG). Gemeinsam mit dem DSGVO tritt auch das neue Bundesdatenschutzgesetz (BDSG-neu) in Kraft und löst damit die bisherige Gesetzgebung ab.[87] Diese Änderung bringt für Bewerber neue Rechte und für Unternehmen oder Dienstleister die die Bereiche des elektronischen Recruitings unter anderem Active Sourcing und Social Media Recruiting anwenden, neue Pflichten mit sich. Folgende Regelungen kommen ab dem 25. Mai 2018 auf das Recruiting zu:

- Gemäß Art. 13 Abs. 1 und 2 DSGVO müssen Bewerber bei Eingang der Bewerberunterlagen über die Art und Datenerhebung informiert werden
- Gemäß dem BDSG-neu müssen die Daten der abgelehnten Bewerber

gelöscht werden, sobald die Stelle besetzt ist; Unternehmen dürfen die Unterlagen jedoch solange aufbewahren, bis sie durch die Kandidaten explizit darauf aufmerksam gemacht werden.

---

[87] vgl. Reitler/Buluschek, 2018.

- Gemäß Art. 15 DSGVO haben Bewerber künftig das Recht von den Unternehmen umfangreiche Auskunft über die gespeicherten Daten zu verlangen.

- Die Höhe der möglichen Sanktionen nimmt mit Inkrafttreten des DSGVO erheblich zu; Bußgelder von bis zu 20 Millionen beziehungsweise vier Prozent des globalen Umsatzes können unter anderem für fehlende Dokumentation, unterlassene Information der Bewerber oder unterlassene regelmäßige Überprüfung der Sicherheit von HR-Systemen verhängt werden.[88]

Durch das Inkrafttreten der DSGVO und des BDSG-neu werden die Regelungen zu den Bewerberdaten deutlich verschärft und bringen neue Anforderungen mit sich. Bevor der in Kapitel 5 entwickelte Leitfaden beherzigt wird, sollten sich zuvor schon Unternehmen insbesondere das Recruiting mit folgenden Punkten für die Änderungen der DSGVO und des BDSG-neu bereits wappnen:

- An der Bestandsaufnahme der bestehenden Bewerbungsprozesse sollte neben Geschäftsführer, Personalleitung und Betriebsrat auch die IT-Abteilung beteiligt sein. Ein externer oder interner Datenschutzbeauftragter kann ebenfalls hinzugezogen werden, um technische und organisatorische Maßnahmen auf mögliche Datenschutzrisiken zu prüfen.

- Es müssen gegebenenfalls neue Prozesse eingerichtet werden, um den neuen Pflichtvoraussetzungen des DSGVO gerecht zu werden. Hierbei handelt es sich zum Beispiel um die Vergabe von Zugriffsmöglichkeiten auf Bewerber-E-Mails oder die Einrichtung der automatischen Eingangsbestätigung mit den nötigen Informationen nach Art. 13 DSGVO. Zudem muss die Löschung der Daten abgelehnter Bewerber nach Ablauf des zulässigen Aufbewahrungszeitraums sichergestellt werden.

- Nicht nur das Recruiting sondern das gesamte Unternehmen sollte ein Bewusstsein für die Bedeutung des Datenschutzgesetzes im Recruiting-Prozess schaffen.[89]

---

[88] vgl. Reitler/Buluschek, 2018.
[89] vgl. ebd.

5 Leitfaden zu zukünftigen Anforderungen an das Personalrecruiting

In diesem Kapitel werden zunächst Handlungsempfehlungen gegeben, die aus den vorgestellten Zusammenhängen und der Ergebnisse zu zukünftigen Anforderungen abgeleitet wurden. Anschließend folgt ein Leitfaden, welcher auf Grundlage der beschriebenen Empfehlungen entwickelt worden ist. Er enthält zehn Schritte die einzeln erläutert werden.

5.1 Handlungsempfehlungen für das Personalrecruiting

- Um den zukünftigen Anforderungen in Zeiten des zunehmenden Mangels an Fach- und Führungskräften, der Digitalisierung und des Generationswechsels entgegenzuwirken, sollte zunächst stets der interne und externe Beschaffungsmarkt analysiert und beobachtet werden.

- Für eine effektive Bewerberansprache ist es wichtig, die Wünsche und Erwartungen sowie Aufenthaltsorte des gesuchten Kandidaten zu kennen, die dann mit dem Einsatz entsprechender Kanäle erfolgreich durchgeführt werden kann.

- Die einfache Schaltung von Stellenanzeigen wird in Zukunft nicht mehr ausreichen, um geeignete Bewerbungen zu erhalten. Es empfiehlt sich auf ergänzende Methoden und Instrumente bei der Personalbeschaffung zu setzen.

- Bewerber erwarten in Zukunft einen professionellen, schnellen und unkomplizierten Bewerbungsprozess. Mit der Schaffung einer positiven „Candidate Experience" durch das Angebot von digitalen Bewerbungsformen, die Erfüllung von Informationsbedürfnissen der Bewerber und der Einführung eines Bewerbermanagementsystems bzw. einer Software kann diesen Anforderungen nachgekommen werden.

- Der wichtigste Teil in der Personalbeschaffung ist aus einem Pool von Kandidaten den Richtigen auszuwählen. Hierbei ist es zu empfehlen, auf eine Kombination moderner und bewährter Personalauswahlverfahren zu setzen, die eine bestmögliche Auswahl unterstützen und verfolgen.

- Abschließend ist die Implementierung eines Onboarding-Prozesses zu empfehlen. Damit lässt sich die Zufriedenheit von neuen und bestehenden Mitarbeitern fördern und steigert demnach auch die Arbeitgeberattraktivität.

Die nachfolgende Abbildung 5 enthält zur Orientierung einen schematisierten Ablauf des Leitfadens und seinen einzelnen Schritten.

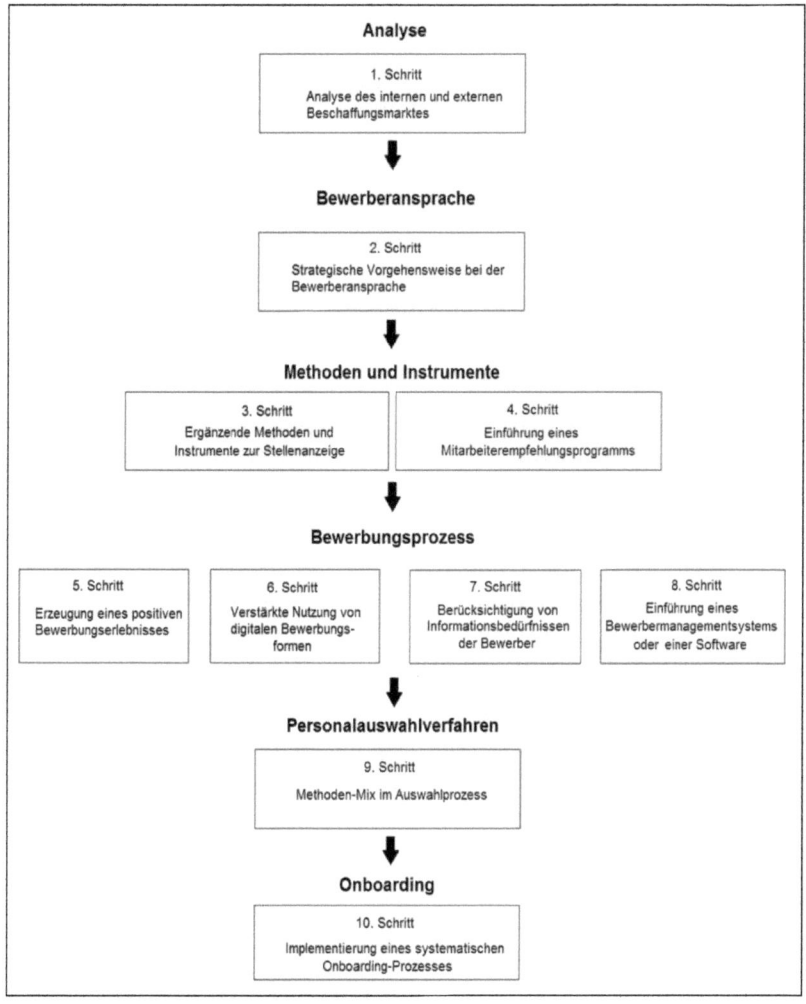

Abbildung 5 Schematisierter Ablauf des Leitfadens
Quelle: Eigene Darstellung

5.2 Erläuterungen zu den einzelnen Schritten

Schritt 1: Analyse des internen und externen Arbeitsmarktes

Die Sensibilität für die Thematik und Bedeutung zukünftiger Anforderungen kann verstärkt werden, indem wichtige Informationen und Daten als Ergebnis aus bestimmten Analysen herangezogen werden. Die Altersstrukturanalyse ist ein sinnvolles und zentrales Element betrieblicher Aktivität eine interne Durchleuchtung der Belegschaft zu ermöglichen. Neben der innerbetrieblichen Analyse empfiehlt es sich zudem regelmäßig auf Arbeitsmarktanalysen zurückzugreifen, die einen Blick auf das aktuelle und geschätzte Angebot an Arbeitskräften in Zukunft ermöglicht.

Bei der Altersstruktur handelt es sich um eine systematische Vorgehensweise zur Früherkennung und bildlichen Darstellung gegenwärtiger und zukünftiger betrieblicher Personalprobleme, die auf die Entwicklung der Altersstruktur zurückführbar sind.[90] Die betriebliche Altersstrukturanalyse ist ein Instrument der strategischen Personalplanung. Sie gibt Auskunft über die aktuelle Altersstruktur der Belegschaft und ermöglicht durch Fortschreibung der Daten z.B. um 10 Jahre, einen Blick auf die künftige Altersstruktur der Belegschaft.[91]

Die Altersstrukturanalyse hat insofern eine besondere Relevanz für das Personalrecruiting, da auf Basis der fortgeschriebenen Daten der zukünftige Handlungsbedarf systematisch ermittelt werden kann. Somit kann es heute schon ungefähr abschätzen, wie viele Mitarbeiter aufgrund von Verrentung oder Fluktuation neu einzustellen sind. Aufgrund der abgebildeten Altersstruktur in jeweiligen Funktionsbereichen und Job Familien, kann es ebenfalls sehen, ob Azubis, An- und Ungelernte, Fachkräfte oder Führungskräfte zu beschaffen sind. Auf Basis solcher Erkenntnisse kann das Personalrecruiting seinen Rekrutierungsprozess optimal abstimmen und sich dementsprechend gut für die Zukunft aufstellen. Auf die Vorgehensweise bei der Altersstrukturanalyse soll im Folgenden nicht näher eingegangen werden, da dieses nicht zu den eigentlichen Aufgaben des Personalrecruitings gezählt werden kann und es darüber auch ausreichende Beschreibungen in der Literatur gibt.[92]

---

[90] vgl. BMBF [Hrsg.], 2010, S. 16
[91] vgl. ifaa [Hrsg.], 2016, S. 1
[92] zum Beispiel Langhoff (2008) oder Köchling (2006)

Mithilfe von Arbeits- und Ausbildungsmarktanalysen sowie Prognosen kann der externe Arbeits- und Ausbildungsmarkt und sein Angebot an Arbeitskräften und potenziellen Schülern regelmäßig beobachtet werden. Die Statistik der Bundesagentur für Arbeit stellt in monatlichen Berichten solche Analysen zur Verfügung. Das allgemeine Ziel der Arbeitsmarktanalyse besteht darin, die aktuellen und die für die nächste Zeit zu erwartenden Entwicklungen erkennbar zu machen. Sie stellt unter anderem

- Niveau und Entwicklung der Zahl erwerbsfähiger Menschen,
- die Beschäftigungsentwicklung nach Branchen und Berufen,
- die Ausgleichsprozesse am Arbeitsmarkt sowie
- die Entwicklung von Arbeitslosigkeit und Unterbeschäftigung dar.[93]

Neben der regelmäßigen Beobachtung des Arbeitsmarktes, besteht die freie Entscheidung den Personalbedarf durch den internen oder externen Beschaffungsmarkt zu decken. Es ist hierbei zu empfehlen, eine gute Abwägung der beiden Methoden mit ihren Vor- und Nachteilen vorzunehmen. In Zeiten des Fachkräftemangels und des erhöhten Wettbewerbs unter den Unternehmen, empfiehlt es sich jedoch verstärkt bei Vakanzen den internen Weg zu gehen. Somit steigern Sie Ihre Attraktivität als Arbeitgeber und erhöhen Ihre Mitarbeiterbindung. Sollte jedoch der Bedarf nicht durch eigene Mitarbeiter gedeckt werden können, weil für die offene Stelle kein entsprechender Kandidat zur Verfügung steht, steht der externe Markt zur Verfügung. Wie da eine geeignete Vorgehensweise aussehen kann, versuchen die Schritte zwei und drei aufzuzeigen.

Schritt 2: Strategische Vorgehensweise bei der Bewerberansprache

Die Zeiten des „Post and Pray" oder auch das Schalten einer Stellenanzeige in Fachmedien oder auf Online-Jobbörsen, danach abwarten, hoffen und beten, dass der passende Bewerber dabei ist, sind vorbei.[94] Heutzutage und in Zukunft müssen Unternehmen kreativer und aktiver in ihren Personalbeschaffungsmaßnahmen werden, denn die verfügbaren Fachkräfte werden immer rarer beziehungsweise stehen in festen, ungekündigten Arbeitsverhältnissen. Daher gilt es, vergleichbar mit der Identifikation potenzieller Kunden im aktiven Vertrieb, die

---

[93] vgl. Statistik der Bundesagentur für Arbeit [Hrsg.] 2018.
[94] vgl. Dannhäuser, 2017, S. 3

Fachkräfte effizient ausfindig zu machen, sie aktiv und auf Augenhöhe anzusprechen, von sich als Arbeitgeber zu überzeugen, für eine Vertragsunterschrift zu gewinnen und schließlich an das eigene Unternehmen zu binden.[95] Aus dem Grund empfiehlt es sich immer strategisch an die Bewerberansprache zu gehen, wobei folgende Punkte zu berücksichtigen sind.

Definition der Zielgruppe

Zunächst ist es wichtig, dass eine Zielgruppe definiert wird. Dabei sollte man sich an die Stellenanforderungen der gesuchten Stelle orientieren und sich ein klares Bild vom gesuchten Wunschkandidaten vor Augen führen. Dabei kann es sich um einen Wunschkandidaten handeln der bereits im eigenen Unternehmen ist oder er ist eine virtuelle Person. Dann ist ein Bewerberprofil mit Soll-Angaben zu Stellentitel, Alter, Geschlecht, Erfahrungen, Kenntnisse, Ausbildung, Wohnort/Mobilität sowie Arbeitszeiten zu erstellen, um eine klare Definition der gesuchten Person zu formulieren.

Wünsche und Bedürfnisse des Bewerbers verstehen

Nach der Definition des idealen Kandidaten für die offene Stelle, ist es zunächst wichtig, die Wünsche und Bedürfnisse des idealen Bewerbers zu verstehen und sich in diese hineinversetzen zu können. Welche Ansprüche könnte er an das Unternehmen stellen? Was ist ihm besonders wichtig für einen erfüllten Arbeitsplatz? Dabei kann auf das Generationenkonzept in Kapitel 3.2. zurückgegriffen werden. Aktuelle Studien zu den Themen Employer Branding und Recruiting enthalten wichtige Informationen über das Verhalten und den Ansprüchen von Bewerbern die ebenfalls zu einem besseren Verständnis von Wünschen und Erwartungen beitragen können.

Stellenanzeige als Basis für eine erfolgreiche Bewerberansprache

Eine Befragung durch Stepstone[96] zeigte im Jahr 2017, dass für 76% der befragten Kandidaten die Informationen in Stellenanzeigen nicht oder nur teilweise ausreichend sind. Nur 42% gaben an, dass die Aufgabenformulierungen so beschrieben sind, dass sie sich die Arbeitsinhalte gut vorstellen könnten. Aus Sicht der Kandidaten fehlen oft Angaben über Gehalt, Arbeitszeiten, Entwicklungs- und

---

[95] vgl. ebd.
[96] vgl. Stepstone [Hrsg.], 2017, S. 5

Weiterbildungsmöglichkeiten, Gestaltung der Zusammenarbeit, Arbeitsinhalte, Anforderungen sowie Ziele.

Es gibt also aus Sicht der Bewerber noch viel Optimierungspotenzial, das in Zukunft für eine erfolgreiche Stellenanzeige berücksichtigt werden sollte.

Bei der Gestaltung einer Stellenanzeige sollten daher folgende fünf Aspekte berücksichtigt werden:

1. Vorstellung des Unternehmens
2. Beschreibung der vakanten Stelle
3. Ansprüche des Arbeitgebers
4. Vorzüge des Arbeitsplatzes bzw. des Arbeitgebers
5. Kontakt zum Unternehmen.[97]

Bei der Gestaltung der Stellenanzeige sollte verstärkt auf die Wünsche und Erwartungen der Bewerber eingegangen werden. Eine kurze Hauptbotschaft sollte erarbeitet werden, die sich in dem Stellentitel wiederfinden und in der Stellenbeschreibung hervorgehoben werden sollte.[98] Aus arbeitnehmerrechtlicher Sicht sind unbedingt die Regelungen des Allgemeinen Gleichbehandlungsgesetzes (AGG) zu berücksichtigen, um diskriminierende Formulierungen zu vermeiden. Bei der Gestaltung sollten zentrale Informationen schnell zu erfassen sein, sodass wichtige Botschaften schnell erkennbar und zu verarbeiten sind.[99] Ein entsprechendes Design und die Verwendung einer gut lesbaren Schrift können dazu beitragen, dass sich die Anzeige von ihrem Umfeld abhebt.

Identifikation von „Aufenthaltsorten" des Bewerbers

Nachdem die Zielgruppe definiert und die Stellenanzeige erstellt ist, sollten Überlegungen getroffen werden, wo sich diese Zielgruppe antreffen lässt. Welche realen und virtuellen Orte werden durch diese Zielgruppe häufig frequentiert?[100] Typische reale Aufenthaltsorte potenzieller Kandidaten sind z.B. Hochschulen, Messen, Karriereveranstaltungen oder Einkaufszentren. Zu den heute am stärksten frequentierten virtuellen Orten gehört das Internet, insbesondere sind das Social

---

[97] vgl. Kanning, 2017, S.69ff.
[98] vgl. Arnold, 2012, S. 216
[99] vgl. Kanning, 2017, S. 72
[100] vgl. Arnold, 2012, S. 218

Media Plattformen. Je genauer die Identifikation von Aufenthaltsorten gelingt, desto besser lassen sich zielgruppenspezifische Botschaften ohne Streuverluste platzieren.[101]

Auswahl der Kanäle und Medien

Besteht nun eine ungefähre Vorstellung von den Aufenthaltsorten des gesuchten Bewerbers, bieten sich jeweils entsprechende Kanäle und Medien an, um dort die Stellenanzeige zu veröffentlichen und für das Unternehmen zu werben. Tabelle 6 zeigt in Kapitel 4.1.2. eine Übersicht zu den wichtigsten Informationsquellen, die zur Veröffentlichung einer Stellenanzeige und Werbung genutzt werden können.

Im Folgenden dritten Schritt sollen neue Methoden und Instrumente vorgestellt werden, die neben der einfachen Schaltung von Stellenanzeigen ergänzend eingesetzt werden können, um in Zukunft die Chancen für die Gewinnung geeigneter Bewerber zu erhöhen.

Schritt 3: Ergänzende Methoden und Instrumente zur Stellenanzeige

Wie bereits beschrieben, reicht es in Zukunft nicht mehr aus nur noch Stellenanzeigen zu schalten und dann abzuwarten. Auch wenn Kanäle wie die Online-Jobbörsen und die Karrierewebseite heute zu den erfolgreichsten Recruiting-Kanälen zählen, müssen dennoch neue Ideen für die Zukunft her. Im Folgenden werden verschiedene Methoden und Instrumente vorgestellt, die in Zukunft ergänzend zu den etablierten Kanälen genutzt werden können.

Multiposting

Bei dieser Personalbeschaffungsmethode handelt es sich um die Mehrfachschaltung von Stellenanzeigen auf mehreren Jobportalen.[102] Auf Basis der definierten Zielgruppe und der Identifikation von Aufenthaltsorten Ihres idealen Bewerbers, können Sie über einen professionellen externen Anbieter Mehrfachschaltungen durchführen lassen. Multiposting-Agenturen haben einen genauen Überblick darüber, welche Zielgruppe sich bei welchem Jobportal aufhalten, stellen für Arbeitgeber den perfekten Mix zusammen und posten dessen Stellenanzeigen zeitgleich

---

[101] vgl. ebd.
[102] vgl. Rüdesheim (Hrsg.) 2017.

bei den verschiedenen Jobbörsen.[103] Folgende Vorteile lassen sich damit erreichen:

- Zeitersparnis durch schnelle und effiziente Bearbeitung
- optimale Reichweite
- Ersparnis von Folgekosten durch Prüfung auf Rechtssicherheit der Anzeige
- Ersparnis von Arbeitskosten und maximieren der Wirkung durch komplette Übernahme der Anzeigenschaltung
- Kostenersparnis durch Preisvorteile gegenüber Einzelkundenpreisen[104]

Active Sourcing

Kandidaten bevorzugen heute verstärkt die passive Bewerbung, d.h. sie registrieren sich auf Karrierenetzwerken wie XING oder Online-Jobbörsen wie Stepstone und hinterlegen dort ihr Profil, um von interessanten Arbeitgebern gefunden zu werden und durch Jobangebote mit ihnen in Kontakt zu kommen. Mehr als die Hälfte der Kandidaten möchte heute von einem unternehmen angesprochen werden, als sich selbst dort zu bewerben.[105] Ein Viertel der Kandidaten ist aktuell sogar bereit, für eine bessere Sichtbarkeit in Karrierenetzwerken oder Lebenslaufdatenbanken zu bezahlen, sodass Unternehmen sie besser identifizieren können.[106] Um diesen Anforderungen der Bewerber nachzukommen, empfiehlt es sich Active Sourcing zu betreiben.

„Active Sourcing steht für alle Maßnahmen der Identifizierung vielversprechender Mitarbeiter auf dem externen Arbeitsmarkt, bei denen das Unternehmen (pro-)aktiv versucht, in persönlichen Kontakt mit potenziellen Bewerbern und Mitarbeitern zu treten und eine dauerhafte Beziehung zu den Bewerbern aufzubauen."[107] Ziel des Active Sourcing besteht darin, den potenziellen Bewerber solange durch persönlichen Kontakt zu binden, bis es zur Gewinnung kommt. Dabei geht die Initiative zur Kontaktaufnahme immer vom Unternehmen aus. Um spezielle Zielgruppen zu erreichen, sollte man wissen, auf welchen Veranstaltungen,

---

[103] vgl. ebd.
[104] vgl. ebd.
[105] vgl. Weitzel et al., 2017, S.11
[106] vgl. ebd.
[107] Gutmann/Gatzke, 2015, S. 87

Plattformen und Medienkanälen sich diese bewegen und zu finden sind.[108] Aufgrund des Alters, Status oder Branchenzugehörigkeit nutzen potenzielle Bewerber unterschiedliche Medienkanäle und Kontaktformen bei ihrer Suche nach einer geeigneten Stelle.

Dabei können diese Kanäle nach Nutzung und Chance in drei Kategorien eingeteilt werden. Im Folgenden werden die Ergebnisse aus der Studie der Otto-Friedrich-Universität Bamberg aus dem Jahr 2017[109] gezeigt, an denen sich bei der Nutzung von Active Sourcing orientiert werden kann.

High Performer: Diese Kategorie umfasst Kanäle, die Kandidaten häufig nutzen und denen sie auch hohe Chancen zusprechen, von Unternehmen angesprochen zu werden:

- Profil in einer Lebenslaufdatenbank einer Internetstellenbörse hinterlegen
- Profil in einem Karrierenetzwerk (z.B. XING, LinkedIn) hinterlegen
- Empfehlungen durch Bekannte
- Profil in Lebenslaufdatenbanken von Unternehmen hinterlegen
- Personalvermittlung

Medium Performer: Diese Kategorie umfasst Kanäle, die Kandidaten entweder häufig nutzen oder für chancenreich halten, um von Seiten der Unternehmen angesprochen zu werden:

- Profil in der Lebenslaufdatenbank der Arbeitsagentur hinterlegen
- Besuch von Karrieremessen

Low-Performer: Diese Kategorie enthält von Kandidaten selten genutzte und als nicht sehr nützlich gesehene Kanäle, um von Unternehmen identifiziert und angesprochen zu werden:

- Mobile Apps zum Matching von Jobs mit Kandidaten
- Profil in einer sozialen Netzwerkplattform (z.B. Facebook) hinterlegen
- Teilnahme an Informationsveranstaltungen in der Schule, Berufsschule oder Hochschule

---

[108] vgl. ebd. S. 90
[109] vgl. Weitzel et al., 2017, S.10ff.

- virtuelle Karrieremessen (z.B. jobfair)
- Aktiv in öffentlichen Fach-Communities du Fachforen mitarbeiten (z.B. Github)
- Teilnahme an Kandidatenbindungsprogrammen
- Micro-Blogging-Dienste (z.B. Twitter)
- Teilnahme an Studentenbindungsprogrammen (Förderprogramme für Studenten)

Es ist zudem die bevorzugte Art der Direktansprache aus Sicht der Kandidaten zu beachten. Fast 75% der Bewerber bevorzugen verstärkt die Ansprache durch E-Mail und nur 18% das Telefon. Des Weiteren empfiehlt es sich einen Active-Sourcing-Prozess zu implementieren, um eine gewisse Professionalisierung im Vorhaben zu ermöglichen. Auf Ansprachen durch standardisierte Anfragen sollte verzichtet werden, da diese keinen Bezug zur beworbenen Person beinhalten und zur Ablehnung führen können. Nur persönliche Ansprachen und Formulierungen zeigen dem Kandidaten wirkliches Interesse an ihrer Person. So werden dem Kandidaten die nötige Wertschätzung und der nötige Respekt entgegengebracht, die eine echte Chance für die Gewinnung des Kandidaten ermöglichen.

Talent- und Kandidatenpool

Für die Direktansprache empfiehlt es sich zum Active Sourcing einen Talent- und Kandidatenpool aufzubauen. Aus einem Talent- und Kandidatenpool kann jederzeit auf gespeicherte Kandidatenprofile ehemaliger Bewerber und Mitarbeiter, Praktikanten oder bestehender Mitarbeiter bei der Personalgewinnung zurückgegriffen werden, falls eine Stelle frei geworden ist. Zudem können die Kandidaten jederzeit wieder kontaktiert werden und förder dazu gleichzeitig die Candidate Experience, worauf in Schritt 7 näher eingegangen werden soll.

Unternehmen nutzen heute bereits verstärkt implementierte Talent- und Kandidatenpools für ihre Direktansprache bei der Suche nach geeigneten Mitarbeitern. Mehr als 45% der Top 1.000 Unternehmen greifen bei der Personalsuche auf ihren eigenen Talentpool zu und besetzen fast 16% ihrer Vakanzen über diesen

Weg. Über 60% der Unternehmen im Mittelstand greifen ebenfalls auf implementierte Talentpools zu und generieren darüber fast 20% ihrer Vakanzen.[110]

Beim Aufbau eines Talentpools sollten folgende Punkte Beachtung finden:

- Von den Kandidaten sollten ausschließlich digitale Bewerbungsunterlagen über ein Formular oder E-Mail angefordert werden, um die Ablage zu vereinfachen
- Um den Kandidatenpool aktuell zu halten, empfiehlt es sich in unregelmäßigen Abständen Kontakt zu den Kandidaten zu halten (z.B. durch Fragen nach Adressänderungen oder ob der Kandidat noch am Unternehmen interessiert ist),
- Der Pool kann aus ehemaligen Bewerbern und Mitarbeitern, Praktikanten oder bestehenden Mitarbeiten bestehen
- Die Sendung von Informationen an die Kandidaten per Mail (z.B. über die Geschäftsentwicklung, Neuigkeiten etc.), fördern die Bindung an das eigene Unternehmen[111]

Schritt 4: Einführung eines Mitarbeiterempfehlungsprogramms

Mit einem Mitarbeiterempfehlungsprogramm kann der Recruitingprozess schneller, kostengünstiger und effizienter gestaltet werden und ist daher ein optimales Recruitinginstrument für die Zukunft. Bereits ein Viertel der Top-1.000 Unternehmen, rund 20% der Unternehmen im Mittelstand und mehr als jedes zweite IT-Unternehmen in Deutschland haben ein Mitarbeiterempfehlungsprogramm in ihren Recruitingprozess implementiert.[112]

Mitarbeiterempfehlungsprogramme sind so konzipiert, dass Mitarbeiter Vakanzen des Unternehmens in ihren sozialen Netzwerken teilen. Sobald sich ein Kandidat über ihren Link bewirbt, kann der jeweilige Mitarbeiter ihn nach beruflichen und persönlichen Kompetenzen bewerten. Das Feedback wird an die Recruiter weitergeleitet, die so durch eine persönliche Empfehlung schnellere und bessere Entscheidungen treffen können.

---

[110] vgl. Weitzel et al., 2017, S. 17
[111] vgl. Haufe-Lexware GmbH & Co. KG [Hrsg.]
[112] vgl. Weitzel et al.,2017, S. 18

Die folgenden drei Schritte sollen den konkreten Ablauf eines Empfehlungsprogramms aufzeigen und worauf besonders zu achten ist:

1. Zunächst folgt die Registrierung bei einem digitalen Mitarbeiterempfehlungsprogamm. Danach sollten die eigenen Mitarbeiter z.B. über SharePoints oder interne Newsletter informiert und die Wichtigkeit der Teilnahme an einem solchen Programm deutlich betont werden. So lassen sich durch die richtigen Worte, die eigenen Mitarbeiter motivieren, die das Tool verstehen und aktiv nutzen.

2. Dann folgt die Veröffentlichung von offenen Stellen im Unternehmen im Mitarbeiterempfehlungsprogramm. Mitarbeiter werden anschließend eingeladen und loggen sich über die Unternehmens-Domain ein, um die Jobs mit ihren Freunden und Bekannten zu teilen. Sie können die Vakanzen in ihren sozialen Netzwerken teilen oder per E-Mail an jeden Kandidaten schicken, den sie für geeignet empfinden.

3. Mitarbeiter können für diejenigen Kandidaten, die sie persönlich kennen und sich über ihren geteilten Link beworben haben, eine Empfehlung abgeben. Das garantiert qualitative Kandidatenprofile, die zur Unternehmenskultur passen, da sie von jemandem empfohlen werden, der bereits im Unternehmen ist.

4. Mithilfe der persönlichen Empfehlungen durch die Mitarbeiter können nun schnell und kosteneffizient durch zuversichtliche und souveräne Entscheidungen neue Mitarbeiter eingestellt werden.[113]

Kommt es dann zur Einstellung eines Kandidaten durch die Empfehlung eines Mitarbeiters, sind emotionale (z.B. ein Urlaubsgutschein) wie auch monetäre Prämien (z.B. Bargeld) ein geeignetes Mittel, um die Dankbarkeit und Wertschätzung gegenüber den eigenen Mitarbeiter auszudrücken. Diese fördern die Mitarbeiterbindung und die Arbeitgeberattraktivität.

Aktuell gibt es mit Talentry, Firstbird und Eqipia drei bekannte digitale Mitarbeiterempfehlungsprogramme auf dem Markt.

---

[113] vgl. Wahls, 2017.

Schritt 5: Erzeugung eines positiven Bewerbungserlebnisses

In einer Zeit in der der Fach- und Führungskräftemangel schon allgegenwärtig sind und Unternehmen in Zukunft weiterhin vor große Herausforderungen stellen werden, können Arbeitgeber es sich nicht leisten, Bewerber und potenzielle Bewerber durch ein schlechtes bzw. negatives Bewerbungserlebnis zu vergraulen. Der häufigste Entscheidungsgrund für oder gegen einen zukünftigen Arbeitgeber sind die Erfahrungen des Kandidaten vor, während und nach dem Bewerbungsprozess.[114] Aus dem Grund empfiehlt es sich für ein insgesamt positives Bewerbungserlebnis bei den Kandidaten zu sorgen, indem versucht wird, verstärkt auf die Wünsche und Erwartungen von Bewerbern einzugehen.

Bewerbungserlebnis oder im englischen „Candidate Experience" bezeichnet den Gesamteindruck, den ein potenzieller Bewerber im Rahmen der Prozesse des Personalmarketings, des Recruiting und darüber hinaus vom potenziellen Arbeitgeber erhält.[115] Beim Bewerbungserlebnis geht es vor allem um das individuelle Erleben in einem Bewerbungs- und Auswahlprozess an allen direkten und indirekten Kontaktpunkten mit einem Wunscharbeitgeber. Um dieses Erlebnis positiv gestalten zu können, sollte es besonders auf die Erwartungen und Wünsche eingehen, die der Bewerber bzgl. des Bewerbungsprozesses an den Arbeitgeber stellt, wie in Tabelle 5 dargestellt.

Die Auswirkungen einer guten Candidate Experience bzw. eines Bewerbungserlebnisses spiegeln sich in direkte Effekte – also der Einfluss auf die Motivation der Bewerber und damit auch auf die Neigung ein Jobangebot anzunehmen – als auch indirekte Effekte, wie beispielsweise Mund-zu-Mund-Propaganda, die Wahrscheinlichkeit sich erneut beim Unternehmen zu bewerben, wider.[116] Auch wenn es noch eine Menge Nachholbedarf beim Thema Candidate Experience gibt wird dieses Thema aufgrund der zunehmenden Ansprüche der Bewerber in Zukunft eine besondere Rolle im Recruiting einnehmen.[117] Daher ist es empfehlenswert sich verstärkt mit diesem Thema zu beschäftigen, da Bewerber noch Optimierungspotenzial in der Geschwindigkeit, in der Unkompliziertheit der Bewerbungsverfahren und teilweise auch an der Professionalität der Unternehmen se-

---

[114] vgl. Verhoeven, 2016, S. 10
[115] vgl. ebd. S. 12
[116] vgl. ebd. S. 22
[117] vgl. Verhoeven, 2016, S. 23

hen.[118] Die folgenden Schritte sechs bis acht können als wesentliche Einflussgrößen für das Thema Candidate Experience verstanden werden und tragen insbesondere für einen schnelleren und unkomplizierteren Bewerbungsprozess bei.

Kriterium	Wünsche und Erwartungen der Bewerber
Präferierte Bewerbungsform	E-Mail-Bewerbung Formularbewerbung
Informationsbedürfnisse und -angebote nach Eingang der Bewerbung	Eingangsbestätigung Infos zum weiteren Verlauf Aufnahme in einen Kandidatenpool Infos über Zeitraum für die Rückmeldung Angabe zum Absagegrund
Ansprechpartner	einen persönlichen Ansprechpartner zu haben jederzeit über den Bewerbungsstatus informiert zu sein
Vorstellungsgespräch	vorbereitete und kompetente Gesprächspartner gutes Zeitmanagement angemessene Anzahl der Gesprächspartner
Onboarding	gute Unterstützung durch den Arbeitgeber für neue Mitarbeiter

Tabelle 9 Wünsche und Erwartungen der Bewerber beim Bewerbungsprozess
Quelle: Eigene Darstellung in Anlehnung an Verhoeven, 2016, S. 18ff. ; Weitzel et al., 2017, S. 5ff.

Schritt 6: Verstärkte Nutzung von digitalen Bewerbungsformen

Aktuell stehen Bewerbern folgende Bewerbungsformen zur Verfügung:

- Papierbasierte Form der Bewerbung
- E-Mail Bewerbung
- Formularbewerbung
- One-Click-Bewerbung
- Anonyme Bewerbung

Die klassische Papierbewerbung hat in den vergangenen Jahren deutlich abgenommen und wird auch in Zukunft nicht mehr den ersten Platz der präferierten Form einer Bewerbung bei den Kandidaten wie auch Unternehmen einnehmen.

---

[118] vgl. ebd.

Dies lässt sich damit begründen, dass der verbundene Aufwand in Zeit und Kosten bei Papierbewerbungen für beide Seiten deutlich höher ausfällt als bei den digitalen Formen.[119] Bieten Sie daher die Formularbewerbung an, weil sich diese Form mit einem Bewerbermanagementsystem für die Generierung eines flüssigen und schnellen Ablaufs verknüpfen lässt. Ermöglichen Sie zudem Ihren Bewerbern die E-Mail-Bewerbung, da Kandidaten diese Form am stärksten präferieren und somit ein wichtiges Bedürfnis für ein positives Bewerbungserlebnis erfüllt wird. Die One-Click-Bewerbung stellt wie bereits in Kapitel 4.2.1. beschrieben eine Möglichkeit mit viel Zukunftspotenzial dar. Diese Form sollte Anwendung finden, wenn Ihre Stellenanzeigen auf Social Media Kanälen präsent sind und über mobile Endgeräte wie Smartphone oder Tablet mittels Mobile Recruiting kompatibel sind. Sie ist damit eine gute Alternative zur Formular- und E-Mail Bewerbung. Die anonyme Bewerbung wird aufgrund der zunehmenden Wichtigkeit für Bewerber der Generationen Y und Z in Zukunft eine wichtige Rolle einnehmen.[120] Damit potenzielle Kandidaten den Bewerbungsprozess nicht abbrechen oder erst gar nicht beginnen, weil z.B. nur die Form der Formularbewerbung angeboten wird, empfiehlt es sich auch die Möglichkeit einer anonymen Bewerbung nebst anderen Formen anzubieten.

Mobile Recruiting

Das Mobile Recruiting erfährt in den letzten Jahren zunehmend mehr an Aufmerksamkeit, weil insbesondere die technikaffinen jüngeren Zielgruppen wie die Generationen Y und Z eine starke Verbundenheit mit ihren mobilen Endgeräten aufweisen.[121] Mobile Endgeräte dienen ihnen primär zur Nachrichten- und Informationsbeschaffung und genau da liegt die zukünftige Anforderung an das Personalrecruiting. Der Druck auf Seiten der Bewerber wird aufgrund des Bedürfnisses, mobiloptimierte Karrierewebseiten und Bewerbungsformulare vorzufinden, steigen.[122] Heute suchen bereits mehr als 40% der Bewerber mittels eines Smartphones nach Informationen über das Unternehmen oder nach offenen Stellen.[123] Zudem präferiert fast jeder zweite Kandidat die mobile Bewerbung vor der tradi-

---

[119] vgl. Weitzel et al., 2017, S. 5f.
[120] vgl. ebd.
[121] vgl. Dannhäuser, Ralph, 2017, S. 28
[122] vgl. ebd. S.29
[123] vgl. Weitzel et al., S. 11

tionellen Bewerbung.[124] Viele Unternehmen haben diese Notwendigkeit und das Potenzial dahinter erkannt. So haben bereits mehr als 50% der Unternehmen ihre Karrierewebseite mobiloptimiert, wie die Studie „RecruitingTrends 2017"[125] der Staufenbiel Institut GmbH und der Kienbaum Consultants International GmbH zeigte.

Es ist daher zu empfehlen im ersten Schritt die notwendige Optimierung Ihrer Karriere- und Unternehmenswebseite auf mobilen Endgeräten zu überprüfen und gegebenenfalls einzurichten, sodass Bewerbern ihrem Bedürfnis nach relevanten Informationen zu Stellenanzeigen und Unternehmen nachgekommen werden kann. Die Entwicklung von eigenen Apps kann eine empfehlenswerte Ergänzung sein, ist jedoch mit höheren Kosten verbunden. Bei Schaltungen von Stellenanzeigen auf Social Media Diensten ist es ebenfalls wichtig, dass die mobilen Dienste mit inbegriffen sind. Im zweiten Schritt, jedoch mit höherem technischen Aufwand verbunden, können Sie Ihren Recruitingprozess auf das Mobile Recruiting abstimmen. Damit ermöglichen Sie Bewerbern, über ihr Smartphone oder Tablet mittels eines Bewerbungsformulars oder per E-Mail ihre Bewerbungsunterlagen abzusenden.

Schritt 7: Berücksichtigung von Informationsbedürfnissen der Bewerber

Mit einer Bewerbung gehen viele Emotionen mit ein, die der Bewerber während der Bewerbungsphase verspürt. Sobald die Bewerbung abgeschickt worden ist, beginnt die Spannung und Aufregung, da sich in den nächsten Wochen entscheiden wird, ob der Bewerber bald bei seinem Wunscharbeitgeber anfangen darf oder nicht. Durch diese Emotionen haben die Kandidaten verschiedene Informationsbedürfnisse nach Eingang ihrer Bewerbung. Werden diese Informationsbedürfnisse nur teilweise oder gar nicht erfüllt, ist die Enttäuschung und der Frust sehr groß und kann dazu führen, dass der Kandidat seine Bewerbung abbricht oder sich beim Konkurrenten bewirbt. Zudem kann er einen Einfluss auf andere Bewerber nehmen, indem er z.B. über Social Media Plattformen wie kununu.com das Unternehmen mit einer schlechten Bewertung bestraft oder Freunden, Familienangehörigen und Bekannten über sein negatives Erlebnis berichtet. Wie die Studie der Monster Worldwide Deutschland GmbH im Jahr 2017 belegen konnte, wünscht sich ein Großteil der Bewerber nach Eingang seiner Bewerbung

---

[124] vgl. ebd. S. 14
[125] vgl. Staufenbiel Institut/Kienbaum Consultants [Hrsg.], 2017, S. 21

- eine Eingangsbestätigung,
- einen Ansprechpartner für Rückfragen,
- Informationen zum weiteren Verlauf,
- Aufnahme in ein Kandidatenpool,
- eine Angabe zum Zeitraum für eine Rückmeldung und
- eine Angabe für einen Absagegrund.[126]

Es empfiehlt sich diese Informationswünsche der Kandidaten ernst zu nehmen und dementsprechend im Bewerbungsprozess zu berücksichtigen. Damit Optimierungspotenziale identifiziert werden können, dient ein Abgleich der Bedürfnisse der Kandidaten mit den Angeboten des eigenen Unternehmens als erste Maßnahme. Aus dem ermittelten Handlungsbedarf sollten dann weitere und entsprechende Maßnahmen abgeleitet werden.

Schritt 8: Einführung eines Bewerbermanagementsystems oder einer Software

Erhöhte Ansprüche der Kandidaten im Zeitalter der Digitalisierung, insbesondere beim Bewerbungsprozess, erfordern für die Zukunft zunehmenden Handlungsbedarf im Recruiting. Bewerbern ist eine schnelle und unkomplizierte Bewerbung bei ihrem Wunscharbeitgeber besonders wichtig. Daher empfiehlt es sich ein Bewerbermanagementsystem in seinen Recruitingprozess zu implementieren. Professionelle Bewerbermanagementsysteme können den Aufwand der Mitarbeitergewinnung und Auswahl deutlich reduzieren und geben gleichzeitig den interessierten Bewerbern einen positiven ersten Eindruck als potenzieller Arbeitgeber.[127] Aufgrund des erhöhten Wettbewerbs unter Arbeitgebern, ist Schnelligkeit im Recruiting ein entscheidender Faktor, ob sich ein potenzieller Kandidat für das eigene oder ein anderes Unternehmen entscheidet. Deshalb können sie die Chance erhöhen, potenzielle Bewerber schnell zu identifizieren, rechtzeitig zu reagieren und damit für das Unternehmen gewinnen.

---

[126] vgl. Weitzel et al., 2017, S. 8
[127] vgl. Arnold, 2012, S. 89

Den Einsatz und Nutzen eines Bewerbermanagementsystems stellen folgende Punkte dar:

- Erstellen von Inseraten im Design des Unternehmens
- Unterhalten eines professionellen Stellenmarktes auf der eigenen Homepage
- Publizieren von Inseraten auf Online-Plattformen und Printmedien
- Möglichkeit einer unkomplizierten und schnellen Online-Bewerbung
- effiziente Vorauswahl aufgrund von vordefinierten Kriterien
- Statusverfolgung und Erinnerungsfunktion für weitere Aktionen
- elektronische Weiterleitung geeigneter Kandidaten an den Fachbereich
- Kommunikation mit Bewerbern mittels vordefinierter Vorlagen
- selbstorganisierende Terminkoordination für Vorstellungsgespräche
- Unterstützung des Einstellungsprozesses und der notwendigen Aktivitäten
- Aufbau eines Talentpools von interessanten Bewerbern
- Kontakthalten mit Interessenten und Information über neue Stellenangebote.[128]

Schritt 9: Methoden-Mix im Auswahlprozess

Es empfiehlt sich in Zukunft neben der eigenständigen Beurteilung von Bewerbungsunterlagen, moderne Verfahren der Vorselektion und finalen Auswahl zu nutzen und diese miteinander zu kombinieren. Somit können Risiken einer Fehlbesetzung und die damit verknüpften negativen Konsequenzen und Auswirkungen für Unternehmen reduziert werden und beschleunigen damit gleichzeitig den Bewerbungsprozess. Dabei kann eine Bewerbung drei Phasen im Auswahlprozess durchlaufen:

---

[128] vgl. ebd. S. 89f.

1. Phase: Vorauswahl

- automatisierte Vorauswahlsysteme arbeiten auf Basis der vom Bewerber zur Verfügung gestellten Unterlagen, vergleichen diese mit den Stellenanforderungen und schlagen passende Bewerbungen zur weiteren Bearbeitung vor[129]
- CV-Parsing-Technologien sind entsprechende Software-Lösungen die Lebensläufe in verschiedensten Formaten auslesen, relevante Informationen herausfiltern und daraus ein Kandidatenprofil erstellen[130]

2. Phase: Telefon- oder Videointerview

- eine flexible Methode um Geld, Zeit und Aufwand auf beiden Seiten zu sparen
- Klärung offener Fragen zu Bewerbungsunterlagen
- Ermittlung von Eckdaten und Analyse relevanter Aspekte des Bewerberverhaltens

3. Phase: Enge Auswahl

- Persönliche Vorstellungsgespräche
- Assessment Center
- Online Assessment-Center

Schritt 10: Implementierung eines systematischen Onboarding-Prozesses

Bereits ein Drittel der Arbeitnehmer scheiden während ihrer Probezeit wieder aus.[131] Ein erfolgreiches Onboarding neuer Mitarbeiter wird in Zeiten des Fachkräftemangels und des War for Talents daher immer wichtiger. Der Begriff Onboarding bezeichnet das Einarbeiten und Integrieren von neuen Mitarbeitern durch ein Unternehmen und umfasst alle Maßnahmen, die die Integration fördern.

---

[129] vgl. Weitzel et al., S. 25
[130] Mark Rüdesheim [Hrsg.] 2015.
[131] vgl. Haufe-Lexware GmbH & Co. KG [Hrsg.] 2017.

Das Onboarding eines neuen Mitarbeiters vollzieht sich auf drei Ebenen:

1. Die **fachliche Integration** bezieht sich auf das faktische Wissen im neuen Arbeitsbereich.
2. Die **soziale Integration** umfasst alle sozialen Kontakte – vom direkten Kollegen bis zum Vorgesetzten.
3. Die **wertorientierte Integration** bezieht sich auf alle Ziele und Grundsätze der Unternehmensphilosophie.[132]

Der Onboarding-Prozess verläuft in drei Phasen:

Vorbereitungsphase (Preboarding)

Die Vorbereitungsphase umfasst die Zeitspanne vom Beginn der Unterzeichnung des Arbeitsvertrages bis zum ersten Arbeitstag und kann auch als Preboarding bezeichnet werden.[133] Das Ziel dieser Phase ist es, ein Signal eines professionellen Arbeitgebers zugeben, der sich um seine Mitarbeiter kümmert. Folgende Punkte können umgesetzt werden:

- Zusendung wichtiger Informationen über das Unternehmen an Kandidaten und die Klärung von offenen Fragen
- Erstellung eines Einarbeitungsplanes
- Einen Kollegen als Paten bestimmen
- Gestaltung des zukünftigen Arbeitsplatz und das Organisieren der Arbeitsmittel
- Kollegen und Betroffene über den Stellenantritt des neuen Mitarbeiters informieren.[134]

Orientierungsphase

Die Orientierungsphase umfasst die Zeitspanne vom ersten Arbeitstag bis circa zum dritten Monat. Das Ziel dieser Phase ist es, den Mitarbeiter in seine Rolle und Aufgaben einzuführen, indem er das Unternehmen, die Menschen, Tätigkeiten, Organisation und Abläufe kennen und verstehen lernt. Der erste Arbeitstag sollte aufgrund seiner hohen Bedeutung gut vorbereitet sein, indem z.B. eine Begrü-

---

[132] vgl. Haufe-Lexware GmbH & Co. KG [Hrsg.] 2017.
[133] vgl. ebd.
[134] vgl. ebd.

ßung vorgenommen wird, dem neuen Mitarbeiter seine Kollegen bekannt gemacht und ihm sein Arbeitsplatz gezeigt werden.[135]

Integrationsphase

Die Integrationsphase des neuen Mitarbeiters im Unternehmen dauert vom dritten bis sechsten oder zwölften Monat, während der neue Mitarbeiter immer mehr ins Unternehmen integriert wird. Diese Zeitspanne kann durch gemeinsame Einführungsveranstaltungen, Workshops, Mitarbeit in Arbeitsgruppen, Fortbildungsangebote und Feedbackgespräche unterstützt werden.[136]

Um eine schnellere Einarbeitung und eine höhere Mitarbeiterbindung zu erreichen, empfiehlt es sich mithilfe digitaler Unterstützung die Onboarding-Prozesse zu standardisieren und zu automatisieren.[137] Heute gibt es bereits eine Vielzahl an Software-Plattformen, die das Onboarding managen können. Dazu gehören beispielsweise Oracle Taleo, SAP Successfactors oder Haufe Umantis Talent Management. Zudem gibt es Plattformen zur Informationsbereitstellung, worüber der neue Mitarbeiter alle Informationen erhalten kann. Es ist hierbei zu empfehlen, dem neuen Mitarbeiter nicht allzu viele Informationen bereitzustellen, da dies zu Demotivation und Überforderung führen kann. Eine gesunde Dosierung ist hierbei zu empfehlen. Der Einsatz von Social Media im Onboarding-Prozess kann dazu führen, dass sich neue Mitarbeiter schnell im Unternehmen vernetzen um vom Wissensaustausch mit Kollegen profitieren zu können.

---

[135] vgl. ebd.
[136] vgl. ebd.
[137] vgl. ebd.

6 Fazit

Die Folgen des demografischen Wandels werden dazu führen, dass es in Zukunft weniger gut qualifizierte Fach- und Führungskräfte im erwerbsfähigen Alter geben wird. Die Generation der Baby Boomer wird zwischen 2020 und 2030 überwiegend in den Ruhestand gehen und damit einen erheblichen Rückgang der deutschen Erwerbsbevölkerung hervorrufen. Dieser Zustand wird konsequenterweise zu einem verstärkten War for Talents führen. Jedoch sind es gerade die jungen Fach- und Führungskräfte der nachrückenden Generationen Y und Z die sich nur schwer auf dem klassischen Wege rekrutieren lassen. Das Internet wird daher für die Gewinnung neuer Mitarbeiter immer wichtiger. Insbesondere für die Kommunikation, die über und mit den sozialen Internetmedien nicht nur ein vorübergehendes Phänomen darstellt, wird in Zukunft nicht mehr ernsthaft infrage gestellt werden können.

Mit einem Leitfaden wurden dem Recruiting in dieser Arbeit konkrete Handlungsmaßnahmen aufgezeigt, wie es sich an die zukünftigen Anforderungen anpassen und somit bestmöglich aufstellen kann. Dabei wurden zehn einzelne Schritte von der richtigen Bewerberansprache über geeignete Methoden und Instrumente bis hin zur richtigen Vorgehensweise im Umgang mit Bewerbern erläutert.

Die zukünftigen Anforderungen wurden überwiegend aus den Ergebnissen aktueller Studien und Literaturquellen abgeleitet und konnten eine klare Differenz zu den gegenwärtigen Anforderungen aufzeigen. So kann davon ausgegangen werden, dass das Mobile Recruiting in Zukunft kein Trend mehr sein wird, sondern ein fester Bestandteil der Personalbeschaffung. Ebenso werden digitale Bewerbungsformen wie die E-Mail-Bewerbung, das Bewerbungsformular oder die One-Click-Bewerbung zu den Standardformen gehören und die papierbasierte Form womöglich ganz aus dem Prozess verdrängen. Die Erwartungshaltung der Bewerber wird zudem zunehmen, da sie einen immer schnelleren und unkomplizierteren Bewerbungsprozess fordern. Insbesondere werden den Bedürfnissen nach Informationen einer höheren Bedeutung zu kommen, da Bewerber ein positives Bewerbungserlebnis erwarten. Zudem setzen Kandidaten verstärkt auf die passive Bewerbung, wodurch die Direktansprache durch Unternehmen immer mehr an Bedeutung gewinnt.

Aufgrund der Digitalisierung im Bewerbungsprozess kommen mit der Verabschiedung der Datenschutz-Grundverordnung (DSGVO) durch das europäische

Parlament und dem neuen Bundesdatenschutzgesetz (BDSG-neu) ab dem 25. Mai 2018 zusätzliche Anforderungen an das Recruiting. Diese neuen Regelungen lösen die bisherige Gesetzgebung ab und sollen unter anderem die Daten der Bewerber mehr schützen und die Pflichten der Unternehmen erhöhen. Verstöße durch Unternehmen gegen die neue Gesetzgebung können in Zukunft zu deutlich erhöhten Bußgeldern führen.

Auch der Beruf des Recruiters wird künftig mit zunehmenden Anforderungen konfrontiert. Diesen Anforderungen wird der Recruiter nur als verwaltender Administrator nicht mehr gerecht werden können. In Zukunft wird er daher die Rolle eines Beraters und Verkäufers einnehmen, indem er proaktiv auf Bewerber zugeht und seinem Vorgesetzten als strategischen Partner zur Seite steht.

Mögliche Schwächen des Leitfadens sind jedoch, dass sich dieser an alle Unternehmen jeglicher Branchen und unabhängig von deren Größe richtet. So haben womöglich kleinere Unternehmen mit einer Anzahl überschaubarer Stellenausschreibungen keinen Bedarf für ein Bewerbermanagementsystem und andere Unternehmen wiederum nicht das nötige Budget zur Verfügung. Zudem legt der Leitfaden einen stärkeren Fokus auf die externe Personalbeschaffung, wobei die interne Personalbeschaffung vernachlässigt wurde. Im Ergebnis ist die Arbeit dennoch ein gelungener Ansatz auf die zukünftigen Anforderungen aufmerksam zu machen. Inwiefern der Leitfaden für das eigene Recruiting eine Relevanz besitzt, bleibt jedem Unternehmen jedoch selbst überlassen.

Letztendlich bleibt anzumerken, dass die gesellschaftliche Entwicklung in den nächsten Jahren Veränderungen im Personalrecruiting unumgänglich machen, insbesondere wenn es darum geht, seinen unternehmerischen Erfolg durch qualifizierte Mitarbeiter aufrechterhalten zu wollen und zu müssen.

Literaturverzeichnis

Buchtitel

Bärmann, Frank (2012): Social Media im Personalmanagement. 1. Auflage. Heidelberg/München/Landsberg/Frechen/Hamburg.

Bernd, H. Rath & Salmen, Sonja (Hrsg.) (2012): Recruiting im Social Web, 1. Auflage, Göttingen.

Brandenburg, Uwe (2007): Die Zukunft sieht alt aus, 1. Auflage, Wiesbaden.

Bundesministerium für Bildung und Forschung [Hrsg.] (2010): Demografischer Wandel - (k)ein Problem – Werkzeuge für Praktiker – Betrieben für Betriebe, Bonn/Berlin, S. 16.

Dahlmanns, Andreas (2014): Generation Y und das Personalmanagement, 1. Auflage, München/Mering.

Dannhäuser, Ralph [Hrsg.] 2017: Praxishandbuch Social Media Recruiting, 3. Auflage, Wiesbaden.

Dannhäuser, Ralph / Braehmer, Barbara (2017): Active Sourcing in der Praxis. In: Dannhäuser, Ralph (Hrsg.) Praxishandbuch Social Media Recruiting, 3. Auflage, Wiesbaden, S. 417f.

Diercks, Joachim / Kupka, Kristof (2013): Recrutainment: Spielerische Ansätze in Personalmarketing und –auswahl, Wiesbaden

Gutmann, Joachim / Gatzke, Eckhard (2015): Talentmanagement, 1. Auflage, Freiburg

Hermann, Arnold (2012): Personal gewinnen mit Social Media, 1. Auflage, Freiburg

Hesse, Gero (2017): Auf dem Weg zum Enterprise 2.0. In: Dannhäuser, Ralph (Hrsg.) Praxishandbuch Social Media Recruiting, 3. Auflage, Wiesbaden, S. 567.

Klaffke, Martin [Hrsg.] (2014): Generationen-Management – Konzepte, Instrumente, Good-Practice-Ansätze, Wiesbaden.

Kolb, Meinulf / Burkhart, Brigitte / Zundel, Frank (2010): Personalmanagement: Grundlagen und Praxis des Human Resources Managements, 2. Auflage, Wiesbaden.

Langhoff, Thomas (2009): Den demografischen Wandel im Unternehmen erfolgreich gestalten. Berlin/Heidelberg.

Lorenz, Michael / Rohrschneider, Uta (2015): Erfolgreiche Personalauswahl: Sicher, schnell und durchdacht, 2. Auflage, Wiesbaden

Obermann, Christof (2018): Assessment Center, 6. Auflage, Wiesbaden, S. 1.

Oertel, Jutta (2014): Baby Boomer und Generation X. In: Klaffke, Martin (Hrsg.) Generationen-Management, Wiesbaden, S. 27 ff.

Prezewowsky, Michel (2007): Demografischer Wandel und Personalmanagement, 1. Auflage, Wiesbaden.

Scholz, Christian (2014): Generation Z – Wie sie tickt, was sie verändert und warum sie uns alle ansteckt 1. Auflage, S. 73ff. Weinheim.

Scholz, Christian (2011): Grundzüge des Personalmanagement, 1. Auflage, Vahlen, S.192.

Schulz, Ludwig M. (2014): Das Geheimnis erfolgreicher Personalbeschaffung. Wiesbaden.

Ulbricht, Carsten (2017): Social Media Recruiting und Recht. In: Dannhäuser, Ralph (Hrsg.) Praxishandbuch Social Media Recruiting, 3. Auflage, Wiesbaden, S. 333ff.

Internetquellen

Brickwedde, Wolfgang (Hrsg.).: http://www.competitiverecruiting.de/ Recruiter20.html [02.02.2018]

Bundesagentur für Arbeit (Hrsg.) (2018): Bilanz der Nachvermittlung am Ausbildungsmarkt („5. Quartal") (1/2018)
https://statistik.arbeitsagentur.de/Statischer-Content/Arbeitsmarktberichte/Ausbildungsmarkt/generische-Publikationen/AM-kompakt-Nachvermittlung.pdf, [28.01.2018]

Burstedde, Alexander / Risius, Paula (2017): Fachkräfteengpässe in Unternehmen – Regionale Fachkräftesituation und Mobilität (3/2017)
https://www.iwkoeln.de/fileadmin/publikationen/2017/328843/IW-Gutachten_Regionale_Fachkraeftesituation_und_Mobilitaet.pdf [28.01.2018]

Haufe-Lexware GmbH & Co. KG (Hrsg.): Personalgewinnung professionell gestalten / 7.2.1 Talent- und Kandidatenpool
https://www.haufe.de/personal/personal-office-premium/personalgewinnung-professionell-gestalten-721-talent-und-kandidatenpool_idesk_PI10413_HI912474.html [06.02.2018]

Haufe-Lexware GmbH & Co. KG (Hrsg.): Infografik: Der Onboarding-Prozess
https://www.haufe.de/media/infografik-der-onboarding-prozess_432760.html [13.02.2018]

Haufe-Lexware GmbH & Co. KG (Hrsg.): Onboarding: Herausforderungen und Möglichkeiten im Zeitalter der Digitalisierung (12.12.2017)
https://www.haufe.de/personal/hr-management/digitales-onboarding/onboarding-im-zeitalter-der-digitalisierung_80_329564.html [13.02.2018]

Institut für angewandte Arbeitswissenschaft e.V. (Hrsg.) (2016): Die betriebliche Altersstrukturanalyse und -prognose und kostenfreie Instrumente zur Durchführung (14.11.2016])
https://www.arbeitswissenschaft.net/fileadmin/user_upload/Downloads/Factsheet_Altersstrukturanalyse_4.pdf [29.01.2018]

ifb - Institut zur Fortbildung von Betriebsräten KG (Hrsg.) (2018): Ausschreibung von Arbeitsplätzen.
https://www.ifb.de/betriebsratsvorsitzende/lexikon/A/ausschreibung-von-arbeitsplaetzen.html [04.01.2018]

MA&T Organisationsentwicklung GmbH (Hrsg.) 2018: E-Recruiting gezielt zur Personalgewinnung nutzen.
https://www.perwiss.de/e-recruiting-thema.html#Mobile-recruiting [05.01.2018]

Reitler, Volker / Buluschek, Christoph (2018): Datenschutz: Das ändert sich im Umgang mit Bewerberdaten
https://arbeitgeber.monster.de/hr/personal-tipps/personalmanagement/arbeitsrecht/datenschutz-umgang-mit-bewerberdaten.aspx [24.02.2018]

Rüdesheim, Mark (Hrsg.) (2015): Robot Recruiting: Rekrutieren via Algorithmus (17.07.2015)
https://stellenpakete.de/robot-recruiting-rekrutieren-via-algorithmus/ [06.02.2018]

Rüdesheim, Mark (Hrsg.) (2017): Multiposting von Stellenanzeigen: Definition, Methoden, Vorgehensweisen, Anbieter (04.07.2017)
https://stellenpakete.de/multiposting-der-richtige-recruiting-mix/ [13.02.2018]

Schumann, Patrick (2018): Karrierenetzwerke in Deutschland: Aktuelle Nutzerzahlen in 2018 (10.01.2018)
http://www.jobambition.de/karrierenetzwerke-nutzerzahlen-2018/ [05.02.2018]

Statistisches Bundesamt (Hrsg.) (2015): Bevölkerung Deutschlands bis 2060 - 13. koordinierte Bevölkerungsvoraus-berechnung. (April 2015)
https://www.destatis.de/DE/Publikationen/Thematisch/Bevoelkerung/VorausberechnungBevoelkerung/BevoelkerungDeutschland2060Presse5124204159004.pdf?__blob=publicationFile [10.01.2018]

Statistisches Bundesamt (Hrsg.) (2017): Statistisches Jahrbuch 2017 - Arbeitsmarkt.
https://www.destatis.de/DE/Publikationen/StatistischesJahrbuch/Arbeitsmarkt.pdf?__blob=publicationFile [11.01.2018]

Statistik der Bundesagentur für Arbeit (Hrsg.) (2018):
https://statistik.arbeitsagentur.de/Navigation/Statistik/Statistische-Analysen/Analytikreports/Analytikreports-Nav.html [05.02.2018]

StepStone GmbH (Hrsg.) (2017): Erfolgsfaktoren im Recruiting – StepStone Recruiting Insights (20.12.2017)
https://www.stepstone.de/Ueber-StepStone/knowledge/erfolgsfaktoren-im-recruiting/ [28.01.2018]

Wahls, Arnim (2017): Was ist ein Mitarbeiterempfehlungsprogramm? (22.03.2017)
http://www.hrm.de/fachartikel/was-ist-einmitarbeiterempfehlungsprogramm%3F-14547 [23.02.2018]

Weitzel / Laumer / Maier / Oehlhorn / Wirth / Weinert (2016): Themenspecial – Bewerbung der Zukunft (2016) https://www.uni-bamberg.de/isdl/transfer/e-recruiting/recruiting-trends/recruiting-trends-2017/ [15.01.2018]

Weitzel / Laumer / Maier / Oehlhorn / Wirth / Weinert (2017): Themenspecial – Bewerbung der Zukunft (2017) https://www.uni-bamberg.de/isdl/transfer/e-recruiting/recruiting-trends/recruiting-trends-2017/ [15.01.2018]

Weitzel / Laumer / Maier / Oehlhorn / Wirth / Weinert (2017): Themenspecial - Employer Branding und Personalmarketing (2017) https://www.uni-bamberg.de/isdl/transfer/e-recruiting/recruiting-trends/recruiting-trends-2017/ [15.01.2018]

Weitzel / Laumer / Maier / Oehlhorn / Wirth / Weinert (2017): Themenspecial – Active Sourcing (2017) https://www.uni-bamberg.de/isdl/transfer/e-recruiting/recruiting-trends/recruiting-trends-2017/ [15.01.2018]

Weitzel / Laumer / Maier / Oehlhorn / Wirth / Weinert (2017): Themenspecial – Mobile Recruiting (2017) https://www.uni-bamberg.de/isdl/transfer/e-recruiting/recruiting-trends/recruiting-trends-2017/ [15.01.2018]